UNA PUERTA
QUE NADIE
PUEDE CERRAR

✢

Publicado por
Editorial Unilit
Miami, FL 33172, USA
Derechos reservados.

Primera edición 2010

Traducción: Adriana E. Tessore de Firpi
Concepto/Diseño de la portada: Ximena Urra
Fotografías de la portada: Images @2010 Javarman; Martafr; James Steidl
Ilustraciones interior: ©2010 Çokeker; Image ©2010 Alnoor
Usadas con la autorización de Shutterstock.com.
(Used under license from Shutterstock.com)

Los nombres y detalles en las historias fueron cambiados para proteger
la identidad de los personajes.

A menos que se indique lo contrario, las citas bíblicas se tomaron de la
Santa Biblia, *Nueva Versión Internacional.* © 1999 por la Sociedad Bíblica
Internacional.
Las citas bíblicas señaladas con LBLA se tomaron de la Santa Biblia, *La Biblia
de Las Américas.* © 1986 por The Lockman Foundation.
Usadas con permiso.

Producto 495737
ISBN 0-7899-1790-4
ISBN 978-0-7899-1790-4

Impreso en Colombia
Printed in Colombia

Categoría: Vida cristiana / Inspiración
Category: Christian Inspiration

A DIOS

¡Que den gracias

al SEÑOR por su gran amor,

por sus maravillas

en favor de los hombres!

SALMO 107:8

✦

CONTENIDO

AGRADECIMIENTOS

✦

A Mike y a mí nos gustaría reconocer a muchas personas que nos ayudaron a hacer posible este libro, incluso con las historias que se incluyen. Aunque no podamos mencionarlos por motivos de privacidad y seguridad, deseamos expresar en público nuestra gratitud al cuerpo de Cristo.

Gracias a nuestros compañeros de trabajo en el campo. Cada uno de ustedes tendría historias similares y esperamos que este libro represente bien nuestras experiencias mutuas aquí en la Península Arábiga.

Gracias a nuestros queridos compañeros de equipo que oraron y trabajaron junto a nosotros a medida que se desarrollaban estas historias y hechos.

Gracias al afable caballero que fue el primero que se interesó en llevar nuestras historias al público y plantó la semilla de fe que me hizo pensar que algún día podría escribir un libro.

Gracias a la querida pareja que nos sostuvo con su apoyo en oración, inspirándonos a confiar en Dios para las grandes cosas.

Gracias a los líderes-siervos que reconocieron el potencial de este libro. Nos conectaron con otros del cuerpo de Cristo que son capaces de hacer lo que no podemos hacer nosotros y nos han llevado de la mano durante todo el proceso.

Gracias a nuestro líder de campo que, en más de una ocasión, nos dio la libertad de hacer lo que sentíamos que Dios nos guiaba a hacer, aun cuando esto fuera un poco en contra de lo normal.

Gracias a los muchísimos creyentes de todo el mundo cuyos sacrificios económicos y oraciones constantes han provisto la energía para que nuestras luces brillen en esta oscuridad.

Que las más ricas bendiciones del Señor sean sobre cada uno de ustedes. Ya saben quiénes son ustedes... y Él también.

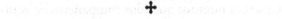

PRÓLOGO

✦

Necesitamos escuchar historias.
Jesús contó historias.

Yo cuento historias.

No existe sustituto para las historias debido a que cada una incluye ecos de tu historia, de la mía o las de nuestros hijos.

El nómada en el desierto, el que vuela cometas en Kabul, el niño de la calle en Nueva York, el terrorista en las montañas en Pakistán, el lanzador de piedras en Gaza o Belén; cada uno de ellos tiene una historia, y tiene que contarse.

¿Por qué? Porque Jesús murió por cada uno de ellos y todavía los ama. Sus historias nos ayudan a conectarlos al poder redentor de Jesús, de modo que podamos amarlos y orar por ellos hasta que todos, también, se transformen en una fuerza positiva a fin de que el mundo sea un mejor lugar.

¿Por qué es que vemos sus historias tan diferentes a las nuestras?

Todos nacieron como inocentes bebés, no como terroristas.

Muchos nacieron en países donde no se conocía el mensaje de amor de Dios. ¿Eso significa que no deberían tener la oportunidad de escucharlo?

¿Por qué es que aún no hemos esparcido las Buenas Nuevas entre ellos?

Tal vez escucháramos el llamado de Dios, pero no fuimos... no contamos, no testificamos, no nos preocupamos...

Quizá pensáramos que era demasiado peligroso. Sin embargo, ¡es mucho más peligroso que no nos preocupemos ni testifiquemos!

Sí, cada persona tiene una historia; es más, este libro está llena de ellas. Lo que las historias de la Península Arábiga nos narran es lo que sucede cuando conocen el amor de Jesús.

Y es por eso que anhelo cientos de libros más como este.

Esto no es solo «su» historia; esta es la historia de «Dios».

Hermano Andrés

LA HISTORIA DETRÁS
DE LA NARRADORA

✦

Conoce a Reema Goode

De su niñez, Reema recuerda que le conmovió mucho la película *Los Diez Mandamientos*, de Cecil B. DeMille. Creía en Dios y oraba cada noche, incluso cuando era joven. De todos modos, no sabía cómo comenzar una relación personal con Dios y hallar perdón por sus pecados hasta que tuvo poco más de veinte años, cuando leyó un pequeño folleto cristiano que alguien dejó por su trabajo. Esta era la primera explicación del evangelio que entendiera Reema alguna vez. De inmediato, entregó su vida a Cristo y no veía la hora de contarles a otros acerca de Jesús.

Es muy probable que sus primeros intentos por testificar de las Buenas Nuevas hayan confundido más que ayudado a las personas. ¿Qué se suponía que dijera? ¿Cómo explicarlo? Sin dotes de «predicadora», Reema decidió reflexionar en lo que le había sucedido y empezar por contarle eso a la gente. De esta manera, muchos pudieron identificarse con su relato y quisieron saber más de un Dios tan real que participaba en la vida de las personas.

En un esfuerzo por conocer otros cristianos, Reema fue durante todo un año a una iglesia diferente cada domingo que tenía franco en su trabajo. Sin embargo, al preguntarle sobre su fe, la gente le hablaba acerca de cuándo comenzaron a asistir a esa iglesia o cuándo se hicieron miembros, los nombraron diáconos o maestros de la Escuela Dominical. Ninguno parecía comprender a qué se refería con «tener una relación personal con Dios» o «tomar la decisión de seguir a Cristo». Reema se daba cuenta de que, al igual que ella, muchos crecieron creyéndose cristianos solo por pertenecer a una denominación o asistir a las reuniones. Entonces, se preguntaba, ¿dónde estaban los cristianos? ¿Por qué le costaba tanto hallarlos?

Un día, encendió la radio y escuchó un programa que parecía darle la respuesta. Se trataba de «Historias de grandes cristianos», del Instituto Bíblico Moody, donde dramatizaban el testimonio de famosos misioneros. Al escuchar sobre estos creyentes que habiendo dejado la comodidad de su hogar llevaron el evangelio hasta el fin del mundo, hizo que Reema se preguntara: ¿Acaso se habrán marchado todos los cristianos a otros países donde el mensaje de la Biblia se desconocía, no estaba disponible o incluso estaba vedado? Su graciosa inocencia la llevó a reflexiones más profundas. El descubrimiento de que todavía existieran lugares en el mundo donde las personas podían nacer y morir sin escuchar jamás del evangelio, causó que Reema se hiciera una pregunta. Con lo que sabía ahora, ¿cómo podría permanecer en los Estados Unidos donde hay Biblias en todas las librerías y la absoluta libertad de decidirse por Cristo? Entonces, aunque al fin encontró a otros seguidores de Cristo y se convirtió en miembro activa de una comunidad eclesial, Reema sintió el compromiso de ir alguna vez a algún territorio no evangelizado. Resultó ser que no iría sola.

Reema conoció a Mike en una cafetería. Estaba a su lado en la fila y luego la siguió hasta su asiento para no marcharse. Se sintió un poco molesta, dando por sentado que este hombre mayor, que también era alto y buen mozo, sería casado. Enseguida fue evidente que no era así. Era un cristiano soltero que se había comprometido a servir a Dios en un territorio no alcanzado por el evangelio y buscaba una esposa que sintiera lo mismo para que lo acompañara. Al cabo de un año, se casaron.

Mientras Mike terminaba sus dos últimos años en el Instituto Bíblico, Reema escribió a diferentes agencias misioneras solicitando información que pudiera ayudarla a definir qué dirección tomar y seleccionar un lugar o grupo étnico específicos. ¿Dónde estaba el mayor número de personas menos alcanzadas? Antes de iniciar su investigación, Mike y Reema sabían muy poco acerca del islam. Previendo a medias que terminarían trabajando con una tribu en una selva remota, se sorprendieron cuando el Señor comenzó a poner en su corazón el mundo árabe musulmán. No obstante, cuanto más aprendían acerca de esto, la carga era cada vez mayor.

Después de tres años de obtener el apoyo económico de las iglesias, Mike y Reema llegaron a su campo. Ambos, junto a sus hijos Tim y Lydia, siguen allí todavía.

✛

PREFACIO

✦

Dios obra de maneras misteriosas y, a veces, a través de hechos sin relación aparente.

En 1990, Luis Bush acuñó el término «la ventana 10/40» para referirse a una zona del planeta donde se halla el mayor grupo de no alcanzados del mundo. También en 1990, el presidente de los Estados Unidos, George Bush, inició acciones militares en el golfo Pérsico conocida como «Operación Tormenta en el Desierto». Estos dos acontecimientos sin relación entre sí influyeron de manera poderosa en el Cuerpo de Cristo. ¿Cómo? Dios usó estos dos hechos para atraer la atención de su Iglesia hacia el mundo musulmán... un mundo cuya población, en ese entonces, afirmaba ser una quinta parte de la humanidad y apenas contaba con testimonio del evangelio. Durante las dos décadas siguientes, una sucesión de hechos a escala mundial definió aun más el foco de atención, no solo en el mundo musulmán en general, sino en el mundo árabe musulmán en particular.

Palabras con las que jamás habíamos tenido contacto, se convirtieron en parte de nuestro vocabulario cotidiano: *Corán, Alá, burka, yihad*. La conciencia y la preocupación por los mil millones de personas que viven bajo el régimen del islam aumentaron de manera considerable. Los libros sobre el islam, la cultura árabe y el modo de testificarle de la fe a un musulmán se multiplicaron. Miles de cristianos de todo el mundo comenzaron a orar, a dar y a ir.

«Deseamos que conozcas lo que hemos llegado a considerar una vida cristiana "real" dentro de un país islámico».

Hoy, tras dos décadas de esfuerzos coordinados y crecientes por parte de la iglesia, las noticias televisadas del Oriente Medio parecen ser tan desoladoras como siempre. ¿Responde Dios nuestras oraciones? ¿Hace algo en realidad en la vida de los musulmanes? ¿Qué está haciendo? De eso se trata este libro.

Nuestra familia ha estado viviendo en medio de un barrio típico musulmán, en Arabia, durante más de doce años. Deseamos que conozcas lo que hemos llegado a considerar una vida cristiana «real» dentro de un país islámico. Creemos que te será de gran aliento.

Este no es un libro que trata sobre el islamismo en sí ni sobre la cultura árabe. Tampoco es un libro que versa sobre cómo ministrar a los musulmanes, cuando existen muchos libros excelentes sobre el tema. Nos gustaría cambiar el punto de observación y reenfocar la lente del lector de una distante «panorámica» del mundo musulmán en general a un «acercamiento» sobre cómo en realidad Dios ha estado obrando en la vida práctica y diaria de solo una de las muchas comunidades islámicas durante los últimos años. En vez de dar estadísticas sobre cómo los musulmanes vienen a los pies de Cristo, queremos que puedas recorrer mediante historias el escenario local donde vivimos y permitirte que veas por tu cuenta las maneras increíblemente creativas, diversas, inesperadas y emocionantes en las que Dios está alcanzando a nuestros vecinos con el evangelio de Jesucristo. Su Palabra se está sembrando y su Espíritu confirma la verdad en sus corazones de formas muy palpables.

«Dios está alcanzando nuestros vecinos con el evangelio de maneras increíblemente creativas, diversas, inesperadas y emocionantes».

✦

Aunque los relatos en este libro son alentadores, estimulantes y hasta humorísticos algunas veces, no negamos que el mundo musulmán es con frecuencia un sitio peligroso. Donde vivimos, llevar a un nativo a los pies de Cristo es un delito penado por la ley. Los musulmanes convertidos saben que quizá padezcan persecución y hasta la muerte. A pesar de eso, todos los años son cada vez más los cristianos que van a vivir a Arabia para ser testigos de Cristo y cada año surgen más y nuevas historias como estas.

Los siguientes relatos son hechos de la vida real que les ocurrieron en el tiempo real a individuos que conocemos en lo personal. Por supuesto, algunos de los detalles, así como todos los nombres de personas y lugares, se cambiaron a fin de proteger a los protagonistas.

Rogamos a Dios que *Una puerta que nadie puede cerrar* glorifique a Dios, inspire a su pueblo en su andar de fe y aliente a los creyentes en todas partes donde la Luz amorosa de Dios está penetrando en las Fortalezas de las Tinieblas. Asimismo, esperamos que estas historias aviven más la oración por el mundo musulmán y la compasión por los que viven bajo este régimen, a medida que demuestran cómo Dios está abriendo puertas para el evangelio, confirmando su Palabra, revelando su amor y conquistando corazones en Arabia.

¡Por supuesto! ¡Dios está respondiendo las oraciones y está edificando su iglesia! Si las puertas del Hades no prevalecerán contra ella, ¿cómo podría hacerlo el islam?

✠

CAPÍTULO I

LA PUERTA
ABIERTA

«MIRA QUE DELANTE
DE TI HE DEJADO
ABIERTA UNA PUERTA
QUE NADIE
PUEDE CERRAR».

APOCALIPSIS 3:8

LA PUERTA ABIERTA

✦

Era una noche invernal en Pueblo Chico, Arabia. La fresca brisa nocturna producía un cambio muy agradable después de las temperaturas que superaron los cincuenta grados centígrados ese verano. Mientras caminaba con cuidado por las irregulares y endurecidas calles sin pavimentar, el cálido aroma cargado de especias del *asha* (la cena) emanaba de cada hogar y hacía más agradable el fresco aire de la calle. Eran pasadas las nueve de la noche y, mientras las mujeres lavaban los platos, los niños que casi siempre salían a jugar afuera un par de horas antes de ir a la cama, prefirieron acurrucarse en sus abrigos y gorros dentro de la casa frente al televisor, donde estaba mucho más acogedor. La densa calma de las calles desgastadas intensificaba los tenues pasos de mis sandalias sobre la tierra. La carencia de luces en la calle hacía que las estrellas titilantes allá arriba se destacaran contra el oscuro firmamento. ¡Y esa luna! Un enorme cuarto creciente, símbolo del islam, parecía pender en forma directa sobre nuestro pueblo como una señal y un símbolo de pertenencia. Mi corazón bullía de gozo al reflexionar donde me hallaba y lo que estaba haciendo. Aquí mismo, bajo el imperio dominante del cuarto creciente, me encaminaba a un debate de la Biblia y el Corán con mujeres del vecindario.

«¡Vengan y traigan los libros!», nos invitaron. Sin embargo, lo más asombroso de todo es que lo habían dicho con frecuencia. A dieciocho meses de nuestra llegada, nuestra familia ya había testificado del evangelio a casi todos nuestros vecinos de quienes éramos amigos y Dios confirmaba la veracidad de su Palabra en la vida de cada uno. Era increíble la manera en que Él abría las puertas y todo comenzó de una manera casi inesperada, a través de un hecho común y corriente.

> «A dieciocho meses de nuestra llegada, nuestra familia ya había testificado del evangelio a casi todos nuestros vecinos de quienes éramos amigos».

Nos acabábamos de mudar al barrio y no nos habíamos esforzado mucho por conocer a los vecinos aún, ya que primero necesitábamos un poco de tiempo para acomodarnos a lo cotidiano. No contábamos con el servicio de acueducto, así que cada cinco o seis días un camión cisterna llenaba el tanque del techo. Todas las mañanas debíamos filtrar el agua que íbamos a consumir y ponerla en el refrigerador para que se enfriara. Nuestro refrigerador no daba abasto en el calor del desierto, de manera que comprábamos solo un poco de comida cada vez para evitar que se echara a perder. En esas primeras semanas, parecía como si nada funcionara como debía o, al menos, no de la manera en que estábamos acostumbrados. El horno no tenía el mecanismo que indicara la temperatura; solo era «encendido» o «apagado», lo que de pronto convirtió la cocina en un nuevo desafío.

El primer montón de ropa que pusimos en la lavadora quedó reducido a jirones, lo que limitó aun más nuestro ya limitado guardarropa. No pudimos usar el inodoro durante dos días y varios desagües estaban atorados con basura, juguetes y trapos de los inquilinos anteriores. Sabiendo que la hospitalidad es un aspecto de mucha impor-

«Los *mutawwas* les habían advertido a los lugareños sobre nosotros».

✛

tancia en la cultura árabe, parecía absurdo relacionarse con los vecinos mientras no tuviéramos un lugar decente para recibirlos. Después de los saludos iniciales y de conversar un poco, es cortés decir: *«Ta'ali bait»* [«Ven a mi casa»], por lo que deseábamos estar listos para cuando llegara el ofrecimiento. No obstante, había otra razón por la que no nos habíamos relacionado con los vecinos todavía y la descubriríamos más adelante.

Al parecer, los *mutawwas* les habían advertido a los lugareños sobre nosotros. Como maestros religiosos que brindaban orientación y ayuda espiritual, le decían a su rebaño que los extranjeros que van a trabajar en Arabia son misioneros cristianos enviados a engañar a sus hijos, introducir la inmoralidad, destruir sus familias y su nación, así como a corromper la sociedad islámica en su conjunto. Por supuesto, es cierto que nosotros somos misioneros cristianos, pero nuestros motivos son distintos por completo a los descritos. Este preconcepto equivocado fue el primer obstáculo que nos presentó Dios.

Antes de llegar a Pueblo Chico, mi esposo, Mike, y yo tuvimos que cumplir algunos requisitos específicos de nuestra junta de misiones, además de una capacitación bíblica determinada a fin de prepararnos para la obra en el mundo musulmán. Leímos libros sobre el islam y asuntos interculturales, y Mike obtuvo algo de experiencia muy práctica para alcanzar a la población musulmana de los Estados Unidos. La historia de las misiones a los musulmanes parecía ser en su totalidad bastante desalentadora en ese entonces. En el pasado, los obreros cristianos sacrificaron muchísimo; trabajaron por considerable tiempo y con ahínco durante años, a veces toda una vida, con escaso fruto visible. En esa época, la iglesia evangélica en general tenía poco conocimiento del mundo musulmán. Había muy pocos obreros y escaso apoyo en la oración.

No obstante, en 1990, a través de la atención incipiente puesta en la ventana 10/40 y los titulares generados por la «Operación Tormenta en el Desierto», todo eso cambió. La iglesia mundial giró su rostro hacia las masas de la humanidad no alcanzadas que vivían bajo el régimen islámico. Multitudes de cristianos de todo el mundo comenzaron a orar y empezaron a suceder cosas. Los seguidores de Cristo lograron la residencia en los países musulmanes donde la actividad misionera está prohibida y penada por la ley. Dios empezó a abrir puertas que antes eran impenetrables. Estamos convencidos de que nuestra experiencia en Arabia es el resultado directo del extraordinario aumento de la oración intercesora de la iglesia en todo el mundo, en favor de los musulmanes y los misioneros enviados al mundo musulmán. En nuestro caso, la puerta de nuestro vecindario comenzó a abrirse de una manera inesperada por completo, a través de un automóvil que no arrancaba.

«Estamos convencidos de que nuestra experiencia en Arabia es el resultado directo del extraordinario aumento de la oración intercesora de la iglesia en todo el mundo».

Una mañana, mientras levantaba y preparaba para el día a nuestro hijo de tres años, Tim, mi esposo, Mike, y yo nos percatamos que de afuera venía el sonido del motor de un auto que una y otra vez trataban de arrancar sin éxito. Como «fanático de los autos» desde joven, Mike fue a ver qué pasaba.

Salió de nuestra casa de bloques de hormigón y cruzó el sendero de grava en esa tibia y soleada mañana de invierno. Dio unos cuantos pasos más y traspasó la puerta de metal de acceso a nuestro patio que estaba en la tapia de dos metros de altura que rodea la propiedad. Todas las casas de hormigón tienen tapias de cemento que las rodean para brindar privacidad a las mujeres que salen de su casa a tender la ropa o que van a la cocina, que casi nunca está pegada al resto de la casa.

Puesto que los olores de la cocina se consideran desagradables en el hogar, se enciende incienso en todas las habitaciones a fin de darle un aroma fragante y acogedor. Al salir hacia la calle de tierra, Mike pudo percibir en el aire el incienso posterior al desayuno.

Había casas en todas las direcciones, sin orden aparente ni planificación municipal. Algunas de las calles eran apenas lo suficiente ancha para el paso de un auto; otras podían acomodar cinco automóviles estacionados uno al lado del otro. Es más, cuando llegan visitas a una casa en particular, suele haber varios autos estacionados en la calle al mismo tiempo, bloqueándola por completo.

En una mañana de un día laborable como este, sin embargo, hay pocos vehículos por los alrededores, puesto que han llevado a los niños a la escuela y los hombres se han marchado para el trabajo. Un auto permanecía con el capó abierto bajo un escuálido espino. Un pequeño grupo de hombres estaba reunido delante. Vistiendo sus túnicas recién planchadas y con las cabezas cubiertas a la manera tradicional, analizaban la situación bajo el capó con sus manos cruzadas con esmero detrás. Resultaba evidente que nadie sabía qué hacer, pero apoyaban a su vecino al estar a su lado en su problema.

Al aproximarse, Mike saludó con alegría gritando: «¡Salaam 'alaykum!». Los hombres alzaron la mirada y respondieron con indecisión: «'Alaykum assalaam». Luego Mike se ubicó en medio de ellos para ver lo que pasaba. Era tan solo cuestión de limpiar y ajustar los platinos. Un minuto después, le hizo señas al hombre para que arrancara su motor. Encendió de inmediato. Un gesto de admiración y asombro recorrió los rostros de los hombres que alzaron sus manos haciendo el tradicional gesto con los pulgares para arriba que cualquier occidental debería asegurarse de comprender. Uno que sabía un poco de inglés lo palmeó en la espalda diciendo: «Number one! Number one! [Número uno, número uno]». A continuación, Mike descubrió que estaba invitado a varias casas a tomar café como forma de retribuir su favor. Más tarde, nos enteramos de que este no era un gesto amistoso, sino la manera tradicional de cancelar una deuda. Como sea, nuestra familia tenía ahora la oportunidad de conocer a los vecinos.

En cada hogar, invitaron a Mike a pasar al *majlis* de los hombres, una habitación reservada para las visitas. A las mujeres y los niños los acomodaban en cuartos aparte y a todos nos agasajaban con la magnífica hospitalidad árabe. Primero, nos trajeron agua fresca y jugos, luego dátiles y café, a continuación una variedad de deliciosos alimentos, preparados todos con habilidad por las mujeres de la casa. ¡Nos sentimos muy bienvenidos con semejante recibimiento! No obstante, enseguida resultó evidente para nuestros anfitriones que algo no estaba del todo bien. No sabíamos cómo comer con normalidad.

Para empezar, nos costaba sentarnos en el piso, donde se servía la comida. Como era la primera visita que hacíamos a nuestros vecinos, nos esforzamos por seguir todas las reglas culturales que nos habían enseñado: *No le des la espalda a nadie cuando te inclines.* ¡Qué difícil era esto, considerando que estábamos en el piso en una habitación llena de gente! *Jamás solicites que te pasen la comida y come solo con la mano derecha.* De acuerdo, solo debía asegurarme que mi costado derecho estuviera a la distancia de un brazo de la bandeja, sin golpear ni empujar a ninguna de las otras ocho personas que se apretujaban para comer en torno al *fou'alla. No le muestres a nadie la planta del pie.* Sin calzado y en círculo en el piso, no parecía quedar una postura física posible para sentarse sin quebrar alguna de las reglas. Ni alguna parte de mi cuerpo. Comencé a preguntarme por qué no incluyeron el yoga en nuestra preparación misionera. Nuestros esfuerzos contorsionistas eran, por así decirlo, muy poco elegantes.

Una vez lograda la postura, mientras intentábamos pasar por alto el hormigueo en las piernas entumecidas, nos concentramos en la tarea de comer. Nuestros anfitriones se sentaron en el piso y comieron de todo, incluso resbaladizos granos de arroz y fideos, sin mancharse y sin que les significara un esfuerzo a pesar de la ausencia de platos, tenedores y cucharas. Incluso las mujeres que llevaban el rostro cubierto se las arreglaban para disfrutar su comida sin salpicarse siquiera. Nosotros, por otra parte, parecíamos que no habíamos comido nunca antes. Qué patéticos debimos habernos visto con comida por todo el pecho y en las piernas. Creo que quizá hasta derramara comida sobre la dama sentada junto a mí. ¿Cómo nuestros vecinos musulmanes

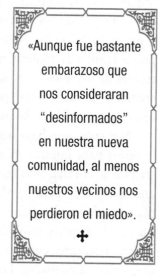

«Aunque fue bastante embarazoso que nos consideraran "desinformados" en nuestra nueva comunidad, al menos nuestros vecinos nos perdieron el miedo».

escucharían alguna vez el mensaje dado por un par de adultos que ni siquiera son capaces de alimentarse con sus propias manos?

Mi familia es un testimonio vivo de que Dios puede usar a cualquiera. Aunque fue bastante embarazoso que nos consideraran «desinformados» en nuestra nueva comunidad, al menos nos perdieron el miedo. Nuestra ineptitud fue lo que abrió con suavidad la puerta de sus corazones. Nos convertimos en el proyecto del barrio. Alguien tenía que ayudar a esta pobre familia estadounidense. A pesar de las advertencias de los *mutawwas*, si esto era lo mejor que los cristianos podían enviar para destruir a la sociedad islámica, no había nada que temer.

Nos cobijaron bajo sus alas y comenzaron a instruirnos para nuestro mejoramiento, no solo en la técnica de la cena, sino también en otras esferas. Me enseñaron a preparar verdadero café y a cocinar los platos tradicionales. (Creo que en parte para ayudarme, pero en parte también para poder disfrutar de «comida decente» cuando venían a nuestra casa, algo que hacían a menudo). Los hombres le explicaron a Mike cómo funcionaba el regateo, así podía evitar pagar demasiado en los mercados. (Como a un blanco de occidente, todavía le cobrarían demás, pero no tanto como a un blanco de occidente ignorante). Las mujeres me enseñaron a enrollarme el velo para que no se me cayera. Nos pusieron al tanto de cómo conducirnos en determinadas situaciones sociales, respondieron nuestras interminables preguntas y nos aconsejaron.

Por nuestra parte, les ofrecimos lo que teníamos. Mike ayudó a los hombres con las reparaciones de autos y del hogar (y se salvó de convertirse en el mecánico del barrio porque todas sus herramientas se quedaron en los Estados Unidos). Podaba los árboles para que todos pudieran estacionar los autos al resguardo del ardiente sol. Ayudábamos a los niños con sus tareas de inglés. Nuestro hijo, Tim, estaba muy feliz de tener tantos niños con quienes compartir su hamaca y sus juguetes. Siendo la única mujer del barrio con licencia de conducir, podía llevar a las mujeres al *souk* [mercado], al hospital o a visitar a una amiga que vivía demasiado lejos como para ir caminando. En síntesis, nos hicimos amigos.

Ser amigo de un árabe implica visitarse. Te visitan. Tú los visitas. Si no puedes ir de visita, llamas y haces una visita telefónica. Incluso hay momentos especiales del día para visitar a varias personas. En Pueblo Chico, las damas se visitan durante la mañana, a determinada hora entre las compras y la preparación de la comida principal del mediodía. Los hombres visitan a los hombres y las familias a las familias al atardecer, entre los dos últimos llamados a la oración del día. Visitar a alguien es honrarlo porque has debido trasladarte para ir a verlo. A cambio, te honran con la hospitalidad. Para nosotros, las visitas se convirtieron en la esencia de nuestro ministerio. Es decir, ¿qué haces en realidad en una visita? (Aparte de comer). Uno se sienta y escucha. Conoces a la persona. ¡Conversas! Y conversar con nuestros vecinos era justo lo que deseábamos hacer, y ahora esperábamos hacerlo con regularidad. Dios había abierto una gran puerta dentro de esa cultura y era una oportunidad que no dejaríamos pasar.

«Dios había abierto una gran puerta dentro de esa cultura y era una oportunidad que no dejaríamos pasar».

✛

En medio de todos los debates sobre escuelas, inflación, bodas, cocina, política, salud y el resto, manteníamos innumerables conversaciones sobre cuestiones espirituales. Tuvimos el privilegio de ser los primeros cristianos con los que tenía contacto la mayoría de nuestros vecinos árabes musulmanes, y queríamos aprovechar esto al máximo. En esa primera etapa, aprendimos todo lo posible sobre lo que creían nuestros amigos y por qué lo creían. Luego, a su vez, quisieron saber de nosotros. Hablamos del evangelio en cada oportunidad posible, y hubo muchas. Incluso, los musulmanes hablaban del evangelio entre ellos. Una mujer nos aceptó la película *Jesús* e invitó a un grupo de amigas a verla con ella en su *majlis*. Otra aceptó una serie de casetes de audio con historias dramatizadas de la Biblia y la escuchó con su grupo de visita matutina. ¿Quién podría haber imaginado que esto sería así?

En una oportunidad, un colega cristiano nos dio un artículo árabe que circulaba por Internet titulado «Lo que dice el Corán sobre la Biblia y Jesús». Era para despertar el interés de los musulmanes en la Biblia. Novatos como éramos en el idioma, se lo entregamos a nuestra amiga Habiiba y le pedimos que nos dijera si decía algo interesante... y si era cierto. Al parecer, la respuesta fue «sí» a ambas preguntas, porque se lo llevó al maestro religioso de la zona para pedir explicaciones.

En su propio libro del Corán, confirmó que en el sura 6:114-115 dice que la Biblia es la Palabra de Dios que «envió el Señor en verdad»; que no se debe poner en duda; y que nadie puede cambiarla. Sin embargo, a los musulmanes se les enseña que la Biblia ha sufrido cambios y alteraciones. ¿Por qué? Bueno, desde nuestra perspectiva es porque Mahoma pensaba que sus enseñanzas estaban alineadas con la Biblia. Al menos con lo que había escuchado de ella, dado que era analfabeto. ¿Y cuántos de sus seguidores allá en el siglo IV contaban con Biblias como para hacer el cotejo? No fue sino hasta que muchas personas pudieron comprar libros y leerlos que se necesitó dar una explicación acerca de las cuestiones conflictivas de la Biblia y el Corán. De ahí que surgiera la enseñanza entre los musulmanes de que la Biblia se había falsificado en algún momento de la historia, aunque esa declaración contradiga la misma enseñanza del Corán.

Tales falsedades persisten en gran medida debido a la ignorancia. Es más, si hubiéramos leído esos versículos, es probable que hubiéramos omitido el asunto por completo, porque la mayoría de las traducciones del Corán al inglés se han «modificado» a fin de eliminar el dilema que representan tales versos. Sin embargo, Habiiba era una mujer árabe que leía el texto en su idioma y sabía que no había lugar a error en lo que expresaba. En todas las veces que había leído el Corán, ¿cómo pudo haberlo pasado por alto? También el artículo planteaba otros problemas y ella decidió llevarlos a la mezquita local y pedir orientación. Tenía que haber una explicación.

Como musulmana devota, Habiiba era reconocida en su muy respetada familia y se sentía orgullosa de su heredad. No dudaba que el líder religioso tuviera una sencilla respuesta para esto. Sin embargo, en su lugar, se enojó con ella. Le rompió en pedazos el artículo en su cara y le dijo que se fuera a su casa y olvidara todo lo que había leído. «Los buenos musulmanes no leen esa basura», dijo. Habiiba se horrorizó por su reacción y la manera de tratarla.

Era una buena musulmana. Su fe incondicional en el islam fue la que le llevó a él por ayuda. Además, era una mujer inteligente y se dio cuenta de que esa reacción exagerada denotaba que no tenía una respuesta para el problema. Esto causó un gran efecto en Habiiba.

Al contarnos la experiencia, nos dijo con determinación: «¡Jamás olvidaré lo que estaba escrito en ese artículo!». En vez de apagar su interés, aumentó su celo por confirmar su fe islámica. Habiiba y dos de sus hermanas se convirtieron en mis mejores amigas del barrio. Fueron las que iniciaron esta práctica de llamarme tarde por las noches para «traer los libros». Aunque su motivación era explicar y confirmar la verdad del islam antes que investigar el cristianismo, esta-

«Todos nuestros vecinos estaban dispuestos a cierto nivel de conversación espiritual».

ban muy ansiosas por escuchar y hablar.

En su esfuerzo por justificar la religión, mis amigas exploraban, sin advertirlo, las bases de su fe personal. ¿Qué cree un musulmán? ¿Por qué lo creen con exactitud? ¿Solo seguían el curso natural de conformidad para la familia y el sistema de creencia social o había evidencias contundentes para el islam?

Por mi parte, cada vez que les decía un versículo, hacía que lo leyeran en voz alta directo de su Biblia en árabe. No solo significaba un ahorro de tiempo, sino que también evitaba que yo tergiversara el texto al traducirlo y a la vez les daba a ellas la oportunidad de leer la Palabra de Dios por su cuenta. La enseñanza la matizaba con ejemplos personales de cómo obraban Dios y su Palabra en mi propia vida y en la vida de mi familia y de mis amigos. La libertad con la que hablábamos era increíble. Descubrimos que todos nuestros vecinos estaban dispuestos a cierto nivel de conversación espiritual.

Esta apertura que Dios había generado no se limitaba a nuestro barrio. Una mañana, me encontraba buscando utensilios de cocina en una pequeña tienda administrada por un musulmán iraní. Me despachó rápido dándome lo que necesitaba y luego me preguntó nervioso: «¿Eres cristiana?». Apenas había comenzado a responder cuando soltó enseguida el resto de su pregunta: «¿Me puedes conseguir una Biblia?».

Un día, Mike tomó un taxi y el chofer le preguntó: «¿Eres cristiano?». (Sin duda, ¡esta no es la manera de iniciar una conversación en el mundo musulmán!). Resultó ser que el conductor del taxi era un árabe nacido en Jerusalén. En su juventud, se había convertido al judaísmo. Pasado un tiempo, se dio cuenta de que ese no era el camino y se sumó a la iglesia cristiana ortodoxa. Después, rechazó el «cristianismo» y se volvió musulmán. Por último, desilusionado de todo, decidió dejar de lado la religión para «ir directo» a Dios. Después que llegó a su destino, Mike permaneció con él en el taxi otros cuarenta y cinco minutos para explicarle en detalle cómo llegar directo a Dios. El taxista terminó exclamando: «Si esa es la manera, ¡me gusta! Gracias por haberme abierto los ojos».

Una historia más reciente también muestra lo que Dios está haciendo en el corazón de los musulmanes hoy en día. Me encontraba en Pueblo Grande, a unos quince minutos de nuestra casa, haciendo las compras navideñas en una de las tantas tiendas de oportunidades. Cuando me dispuse a pagar, el joven cajero musulmán se equivocó y me cobró de menos. Aunque no lo había notado, se lo señalé por el bien de mi integridad. Al principio sonrió como diciendo: «¿Cómo puedes ser tan boba?». Sin embargo, después suavizó la mirada hasta tornarse pensativo y me dio las gracias. «Está bien», le dije con alegría sin siquiera intentar testificarle ni citar un versículo bíblico ante los demás empleados musulmanes. Mi tez blanca y mis rasgos extranjeros les decían a las claras que tal vez fuera cristiana, sin mencionar que acababa de comprar varios pliegos de papel de regalo barato de origen chino. Al rato, mientras guardaba las bolsas en el auto, sentí sed y pensé en comprar una botella de agua en Big-Mart, mi siguiente parada. No obstante, el Espíritu Santo interrumpió mis pensamientos: *Regresa y cómprala aquí.* Lo primero que pensé fue: *¿Por qué? ¿No te gusta el Big-Mart?* De todos modos, cerré el auto y en obediencia regresé a la tienda por el agua.

Cuando estaba llegando a la caja con la botella en la mano, dos musulmanes con gorros de oración para dar muestras de su piedad, se cruzaron frente a mí y vaciaron sus brazos cargados de mercadería sobre el mostrador. ¡Yo solo tenía un artículo! Mi lado estadounidense tenía ganas de gritar: *¡Tengo mis derechos! ¡No se me pueden colar delante!* Mi lado cristiano pensaba: *¿Cómo puedo transformar esto en una oportunidad para demostrar el amor de Dios?* Llegué a la conclusión de que nadie podía quitarme algo que yo ofrecía por propia voluntad, de manera que renuncié a mis «derechos» con un alegre «*T'faddalu*», una expresión amable para ofrecerles pasar primero. (El amor no es orgulloso... El amor es paciente... El amor no es egoísta... recordaba). Los hombres respondieron con una mirada que parecía decir: *Querida, pasaremos primero nosotros, ya sea que nos digas* t'faddalu *o no.*

Aunque se quedaron inalterables por completo ante mi intento de gracia, Dios tenía una razón para todo eso. Como tuve que esperar que pagaran, me vi obligada a permanecer más tiempo en el local y esto permitió que el joven cajero musulmán que me atendió antes solicitara permiso para un descanso, saliera de la tienda y se alejara unos cuantos pasos calle abajo. Cuando por fin pude pagar el agua, subí al auto y comencé a alejarme, ese joven me esperaba. A salvo, lejos de las miradas de otros musulmanes, me hizo señas de que me detuviera. Me acerqué y bajé la ventanilla. «¿En qué puedo ayudarte?»

Sus palabras me tomaron por sorpresa. «Sí, señorita. Soy musulmán, pero quiero ser cristiano. ¿Puede decirme cómo hacerlo?»

Cuando se lo presenté a Mike más tarde, el joven Ahmad le explicó por qué quería convertirse. «Soy musulmán y sé que los musulmanes no somos rectos, sino deshonestos. Sin embargo, todos los cristianos que conozco son como su esposa: rectos. Yo quiero ser cristiano».

Estos relatos, como cientos de otros, testifican que este campo de cosecha dejó de ser la roca dura de roer de antaño. Dios ha quebrado el terreno del barbecho y preparó el suelo. Las oraciones de su iglesia en todo el mundo lo araron. El sudor y las lágrimas de generaciones de fieles testigos lo regaron. Los esfuerzos cooperativos del Cuerpo de Cristo a lo largo de los siglos y en todo el globo lo sembraron. Los guerreros de oración, misioneros, constructores de tiendas, traductores, productores de materiales evangelísticos y de los medios, presentadores de programas cristianos, así como los que difunden la luz a través de sus negocios, páginas Web, salas de charlas, deportes y una gran cantidad de otros medios son los que se están usando en esta floreciente cosecha. Todos son parte de una imagen que es demasiado grande para verse desde cualquier punto ventajoso. Y así debe ser, para que la gloria de esta cosecha no sea de nadie, sino solo de Él.

✛

CAPÍTULO II

✦

CUANDO SE VENCE
EL MIEDO

POR TANTO, CUANDO YA NO
PUDIMOS SOPORTARLO MÁS,
PENSAMOS QUE ERA MEJOR
QUEDARNOS SOLOS EN ATENAS.
ASÍ QUE LES ENVIAMOS A
TIMOTEO, HERMANO NUESTRO
Y COLABORADOR DE DIOS EN EL
EVANGELIO DE CRISTO,
CON EL FIN DE AFIANZARLOS
Y ANIMARLOS EN LA FE.

1 TESALONICENSES 3:1-2

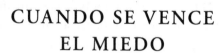

CUANDO SE VENCE
EL MIEDO

✤

Me pareció una llamada como cualquier otra. Una invitación normal. «Ven el jueves a las nueve», dijo Mozi. Mike ya estaría en casa a esa hora para cuidar a los niños, de modo que no había inconvenientes con eso. No sospechamos nada.

Apenas habían pasado unos cuantos años y ya éramos unos más en el vecindario. Estar en la casa de uno y otro ya era algo rutinario. Mozi me había invitado muchas veces de noche, al igual que otras mujeres. Una vez concluido el trabajo cotidiano, habiendo ya hecho la última serie de oraciones y limpiado la cocina luego de la cena, las mujeres tenían algún tiempo para sí. Antes, durante las horas de visita más frecuentes, solía haber varios invitados al mismo tiempo lo que impedía que se mantuviera una conversación profunda. Sin embargo, a partir de las nueve había más tranquilidad. Hubo ocasiones en las que conversábamos por horas, incluso de temas espirituales.

Mozi y las otras siete mujeres que convivían en su casa eran muy amigas mías. Habíamos pasado muchísimas horas juntas, de visita, conversando y pasando el tiempo, disfrutando de la compañía. Esa familia nos tenía tanta confianza a Mike y a mí que nos habían permitido llevar en el auto a las damas a Ciudad Tercera, a dos horas de camino, y romper el ayuno de Ramadán juntos en la casa de sus parientes. En otra ocasión, tuve el gran honor de llevar a varias de ellas a su primera cena en un restaurante, sin escolta masculina. Estaban tan emocionadas como un grupito de colegialas en la noche de graduación. Hilma, cubierta del todo por el velo excepto sus ojos, escudriñaba el menú en medio de la multitud que la rodeaba. Conocía a estas mujeres y ellas me conocían a mí. Las amaba. Cuando Mozi me llamó esa noche, no tenía ningún motivo para sospechar que fuera una escena montada.

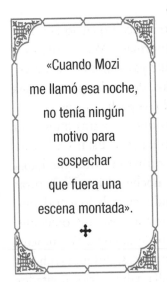

«Cuando Mozi me llamó esa noche, no tenía ningún motivo para sospechar que fuera una escena montada».

✛

Quizá si hubiéramos sabido más acerca de los parientes masculinos de la familia, habría sido sospechoso. Aun así, en la soberanía de Dios, Mike había entablado relación con otros hombres del barrio. A pesar de mis frecuentes visitas, yo tampoco conocía a los familiares masculinos que vivían en la casa, solo porque se consideraba una indiscreción preguntar sobre esto. Después de todo, según su razonamiento cultural, ¿por qué habría una mujer de interesarse en los hombres de otra familia? Sin embargo, ellos sí sabían de mí.

El problema no era ni mi familia ni yo. Era Dios. A medida que se esparcían las Buenas Nuevas, Dios había estado confirmando la Verdad de distintos modos a varias personas. Cuando Él respondió una oración por dos personas en su propio hogar de una manera espectacular, los parientes varones de Mozi no lo agradecían, sino que se enojaban.

Dos de las hermanas de Mozi tenían dentro el

«Dos de las hermanas de Mozi tenían dentro el *jinn* y nada de lo que el islam ofreciera podía sacarles esos demonios».

✛

jinn y nada de lo que el islam ofreciera podía sacarles esos demonios. Durante tres meses, la familia había estado llevando a las niñas a distintos *mutawwas* para que hicieran algo al respecto. A estos hombres se les consideran expertos religiosos y ofrecen consejos espirituales a sus hermanos musulmanes... por un precio. A las niñas las sometieron a pociones y tratamientos de siete *mutawwas* distintos. Les costó una pequeña fortuna, pero nada sirvió. Aunque toda la historia está contenida en el capítulo 6, basta decir por ahora que las jovencitas quedaron libres al fin del *jinn* por una sola oración en el nombre de Jesús. Fue lo mismo que en el monte Carmelo, donde se produjo la competencia entre el Dios de Elías y los profetas de Baal. Fue como cuando Elías dijo: «Entonces invocarán ellos el nombre de su dios, y yo invocaré el nombre del SEÑOR. ¡El que responda [...] ese es el Dios verdadero!» (1 Reyes 18:24). Cuando Dios respondió la oración de los cristianos y liberó a las muchachas, se conmocionó el centro mismo de su mundo islámico.

Al igual que en los días en que Jesús anduvo por este mundo, sus obras dividieron a las personas. Algunos creían y se sentían atraídos hacia Él; otros se enojaban y lo atacaban. Uno de los hombres de la casa de Mozi que decidió atacar resultó ser que trabajaba para la agencia de inteligencia especial (SIA, por sus siglas en inglés). La policía secreta.

Llegó el jueves por la noche. Terminamos de cenar y procedimos con la rutina usual como familia. Por este tiempo, nuestra segunda hija de tres años de edad, Lydia, tenía la suficiente edad para orar con nosotros antes de que me fuera para la cita. Nuestra costumbre era orar los unos por los otros siempre que salíamos para una oportunidad en la que testificaríamos de Cristo.

Poco después de las nueve, llegué a la casa de Mozi en el otro extremo de Pueblo Chico. Por lo general, cuando iba a visitarlos, había al menos los sonidos del televisor adentro, el bullicio de los niños jugando por el parque o a un grupito de mujeres que se acercaban a la puerta para recibirme. Esta noche solo Jamila, la abuela beduina de aspecto ancestral, apareció para saludarme. A pesar de los años, Jamila era muy vivaz, ocurrente y risueña. Sin embargo, esta vez su personalidad alegre y chispeante se veía apagada y mantenía la mirada fija en el piso en vez de mirarme a la cara. Cuando se disculpó por la ausencia de Mozi y las demás, le aseguré que me sentía feliz por estar en su compañía. «¡No hay problemas! ¡Puedes

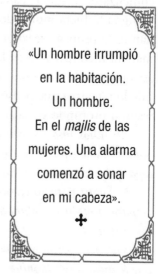

«Un hombre irrumpió en la habitación.
Un hombre.
En el *majlis* de las mujeres. Una alarma comenzó a sonar en mi cabeza».

✤

contarme alguna de esas viejas historias de los buenos tiempos!», le sugerí. Fuimos hacia el *majlis* de las mujeres y nos sentamos sobre la alfombra. En vez de sentarse frente a mí, Jamila lo hizo a mi lado, de cara a la puerta. Eso parecía extraño, pero seguía sin sospechar algo. Dos minutos más tarde, la puerta se abrió de golpe.

Un hombre irrumpió en la habitación. Un hombre. En el *majlis* de las mujeres. Una alarma comenzó a sonar en mi cabeza. Esto no sucede nunca. Algo está mal aquí. El hombre estaba muy enfadado. Su furia era incontenible. Tenía los puños crispados y respiraba con agitación. Su mirada me produjo un nudo en el estómago y las palmas de las manos me comenzaron a sudar. Parecía como si una presencia maligna hubiera inundado la sala, algo sucio y desafiante. Al propagarse sobre mí comencé a temblar de manera incontrolable de la cabeza a los pies y seguí así durante las dos horas que estuve allí. Sentía un miedo tan atroz que pensé que iba a vomitar... y debí respirar profundo y tragar con fuerza para evitarlo.

Ah, Dios mío, sácame de aquí. Me da miedo este hombre y este espíritu maligno. Por favor, sácame de este lugar y llévame a la seguridad de mi hogar.

El Señor pareció responderme: *¿Soy acaso tu siervo para cumplir tu voluntad o tú eres mía?*

Soy tuya.

Entonces permanece aquí. Tengo algo que quiero que le digas a este hombre.

Todo lo que podía pensar era: *Espero que sea por poco tiempo.*

El hombre se sentó en el piso frente a mí, cerca y amenazante a propósito. Con sus rodillas casi tocando las mías, se inclinó hacia delante hasta poner su rostro a centímetros del mío. Estaba a punto de estallar, pero su discurso fue medido y contenido.

—Entonces, ¿eres musulmana?

—No, señor —dije conteniendo otra oleada de náuseas—. ¿Y usted?

—Lo soy —respondió y, sin entrar en detalles, fue directo al punto—. ¡Gracias a Dios! Y por eso sería mejor que...

Durante las dos horas siguientes detalló los sufrimientos y las torturas que mi familia y yo merecíamos por intentar apartar a los musulmanes de su religión. Me amenazó, incluso con amenazas sexuales, y yo miré a Jamila. Ella jamás se apartó de mi lado, ¡Dios la bendiga!, pero seguía con los ojos fijos en el piso. Estaba muy avergonzada de que sucedieran esas cosas en su propia casa y a su amiga, pero no podía hacer nada para evitarlo.

No tenía idea de si este hombre intentaba llevar a la práctica sus amenazas, ni si hubiese otros como él esperando por ahí o si me llevarían a algún lugar. Pensé en mi familia y en mi casa. ¿Habrían ido allá otros musulmanes enfurecidos en un plan coordinado en nuestra contra? ¿Ya estaría mi familia experimentando las clases de sufrimientos que describía? ¿Los volvería a ver?

Más tarde supe que el nombre de mi torturador era Hamdan que, además, era uno de los hijos de Jamila y hermano del agente de la SIA. Como era reconocido por su naturaleza explosiva, los adultos de la comunidad usaban su nombre para atemorizar a los niños desobedientes. «¡Haz lo que te digo o llamaré a Hamdan al Azziz para que se encargue de ti!».

No sé por qué razón, pero Hamdan me dio tres oportunidades de hablar esa noche. Era tal como lo expresa la Biblia: «Cuando los arresten, no se preocupen por lo que van a decir o cómo van a decirlo. En ese momento se les dará lo que han de decir» (Mateo 10:19). En realidad, Dios tenía algo que decirle a este hombre, y cuando lo hizo, Hamdan quedó afectado de manera visible y marcada.

Mi árabe no era mucho más fluido de lo que es ahora y Hamdan usaba varias palabras jamás escuchadas. Jamila susurraba palabras más sencillas en árabe para ayudarme a comprender. De repente, él se detuvo y exigió:

«Señor Hamdan, si lo que dice es verdad, debería convertirme en musulmana ahora mismo».

✛

—¿Qué dices a eso?

En ese momento, una rápida respuesta vino a mi mente. Supe que era de Dios porque jamás hubiera pensado algo así por mi cuenta.

—Señor Hamdan, si lo que dice es verdad, debería convertirme en musulmana ahora mismo.

Pareció calmarse un poco.

—Eso es lo que te estoy diciendo. Necesitas convertirte ahora.

—Solo tengo una pregunta que hacerle. ¿Cómo puedo tener la certeza de que el Corán *es* la verdad? Toda mi vida he creído que la Biblia es la Palabra de Dios. La he leído muchas veces y jamás encontré nada errado en ella. Todo lo que profetiza se hace realidad. Los principios que enuncia siguen vigentes. Cuando los obedezco, obtengo la bendición que prometen, y cuando los rompo, sufro las consecuencias. He visto respuestas a mis oraciones. Todo esto parece demostrar que la Biblia es la Palabra de Dios. Por lo tanto, si el Corán es de verdad la Palabra de Dios, debería poder tener mayores evidencias que estas, ¿no es cierto? No quiero ir al infierno ni sufrir todos los castigos que usted describe. ¿Cómo puedo estar segura por completo de que el Corán es la verdad en realidad?

—¿Quieres saber qué evidencia tenemos de que el Corán es la Palabra de Dios? ¿Quieres saberlo? Te lo diré. ¿Quieres saberlo? —el hombre retrocedía y me señalaba con el dedo—. ¿Quieres saber por qué yo creo que el Corán es la Palabra de Dios?

En realidad, no le había preguntado acerca de su fe personal... ¿era el Espíritu Santo el que dirigía los pensamientos del corazón de este hombre?

—Te lo diré. ¿Quieres saberlo?

Ahora golpeaba con el dedo la alfombra como si quisiera enfatizar lo que iba a decir, pero no decía nada. Incapaz de pensar en una sola evidencia de la validez del Corán, y quizá sintiéndose un poco desarmado por el inesperado giro de la conversación, quitó el centro de atención de sí mismo y lo volvió a poner en mí gritándome:

—¡Te estás yendo por las ramas!

¿Yéndome por las ramas? Aquí estaba una persona que ofrecía convertirse en musulmana si se le brindaba evidencia de que el Corán es la verdad. La mayoría de mis amigas musulmanas inventaban evidencias. El fin justifica los medios. Si una historia hace que alguien acepte el islam, ¿qué importa que sea cierta o falsa? Incluso los periódicos publican relatos de aparentes «evidencias» para alentar a las masas a permanecer fieles al islam. Hay una de una niña que se negó a hacer las oraciones rituales de *salat* y se convirtió en perro. Existen testigos que afirman haber visto a un recién nacido que salió del vientre de su madre recitando el Corán. Un hombre cortó un melón y las semillas formaban las letras de «islam». Sin embargo, a Hamdan no se le ocurría nada.

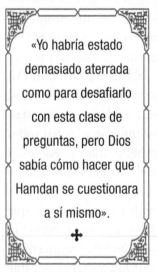

«Yo habría estado demasiado aterrada como para desafiarlo con esta clase de preguntas, pero Dios sabía cómo hacer que Hamdan se cuestionara a sí mismo».

Mi cuerpo seguía temblando de miedo, pero en mi espíritu había esperanza. ¿Quería Dios salvar el alma de este hombre? Al parecer, era la primera vez que Hamdan cuestionaba su propia fe. Estábamos hablando de vida eterna y muerte eterna. ¿En qué habría de confiar y por qué? Yo habría estado demasiado aterrada como para desafiarlo con esta clase de preguntas, pero Dios sabía cómo hacer que Hamdan se cuestionara a sí mismo. Y Él lo hizo de una manera que me sacó del lugar de «enemigo» a fin de ponerme del lado de Hamdan. Después de todo, si el Corán fuera en realidad la verdad y la Biblia fuera falsa, debería convertirme en musulmana. ¡Fue muy ingenioso!

La segunda vez que me permitió hablar fue en respuesta a la afirmación de que, con el tiempo, hombres malvados alteraron la Biblia y que a Mahoma lo enviaron para entregar el Corán en su lugar. Una pregunta vino a mi mente, bajo la forma de un relato.

—Sr. Hamdan, supongamos que se produce un accidente automovilístico en la calle ante la vista de cuarenta personas. Todos aportan diferentes partes de la historia y algunos testimonios se superponen con los de otros, pero cuando los juntan, se obtiene un relato completo. La policía reúne todo en un documento y lo archiva en el departamento de la policía. Luego, veinte años más tarde, un hombre se presenta en la policía con otro archivo y dice: "El archivo que ustedes tienen con el testimonio de todos esos testigos no está bien. Sé lo que sucedió en realidad y tengo en mi poder la verdad de lo que pasó". ¿Piensa acaso que la policía le creería a este hombre y cambiaría los archivos por los que le presenta?

A menudo, los árabes usan historias para expresarse, por lo que Hamdan me escuchó con atención.

—Por supuesto que no —respondió—. ¿Y eso qué tiene que ver con lo que estamos hablando?

—Bueno, precisamente me preguntaba por qué mis amigos musulmanes continúan afirmando que la Biblia está adulterada. La Biblia la escribieron cuarenta hombres diferentes en un período de mil quinientos años. Algunos escribieron sobre una cosa y otros sobre otra, mientras algunos tenían elementos en común, pero cuando uno la lee completa, es una sola Verdad. Todos estos testigos coincidieron durante cada uno de esos siglos. Después, surge un hombre, el profeta Mahoma, y todo el mundo árabe abandona el antiguo escrito para seguir el Corán. ¿Por qué?

La noche transcurría de manera muy distinta a como cualquiera de nosotros lo hubiéramos esperado. En verdad, Dios tenía algo que decirle a este hombre y, con su amorosa bondad, le abría con amabilidad los oídos a Hamdan para que escuchara.

Al final, Hamdan se levantó para marcharse. No me había puesto un solo dedo encima.

—La última palabra es esta... —comenzó. Al presentar su conclusión de esta manera, comunicaba que no esperaba ninguna conversación adicional—. La última palabra es que te irás directo al infierno y todos los que te sigan en este camino también se irán al infierno. Y eso estará en tu cabeza. Para siempre.

Hizo una pausa, me miró y pronunció:

—Última palabra.

Aunque sabía a la perfección lo que significaba «última palabra» y, por cierto, no quería hacer nada que reavivara su anterior enfado, una *última* palabra vino a mi mente. De inmediato supe que provenía del Señor y por qué debía pronunciarla.

—Gracias.

Hamdan se quedó petrificado. Luego, me miró con incredulidad. Casi en un susurro, dijo:

—*¡¿Qué?!*

La ira previa dio lugar a la incredulidad.

—Bueno, usted ha dedicado dos horas de su tiempo en tratar de convencerme de que me convierta en musulmana porque en verdad cree que si no lo hago me iré al infierno. Por lo tanto, solo me resta pensar que intenta salvar mi alma. Y por eso le doy las gracias —y lo dije en serio.

Poco a poco, Hamdan se fue retirando hacia la puerta, mientras sacudía la cabeza y agitaba ambas manos arriba y abajo como si quisiera alejarse de mí. Cuando se fue, el espíritu maligno se fue con él.

Apenas se había marchado cuando ya estaba lista para salir corriendo de allí. Sin embargo, mi cuerpo no me respondía. Estaba tan floja que Jamila debió ayudarme a ponerme de pie, pero aún no se animaba a mirarme a los ojos. Solo me pedía perdón una y otra vez, mientras le aseguraba que no era su culpa. Sabía que ella y las demás debían obedecer a los hombres. No obstante, por dentro me sentía traicionada y me dolía mucho lo sucedido. Pasaron semanas hasta que tuve la fortaleza emocional de volver a visitar a esas damas. Ni me imaginaba la alegría que me produciría regresar. Fue esa nueva visita la que le daría a lo sucedido esa noche un repentino e impresionante giro que no esperábamos ninguno de nosotros.

Me apresuré a entrar a mi casa y sentí un inmenso alivio al encontrar a toda mi familia durmiendo con placidez en sus camas. De inmediato, interrumpí el sueño de Mike para contarle toda la historia de lo que me había pasado. Oramos juntos un rato y él me consoló con ternura. Sin embargo, después de haber estado tanto tiempo en la presencia de aquel asqueroso espíritu, en verdad necesitaba tomar una ducha y pasar unas horas leyendo la Biblia para poder sentirme «limpia» y a salvo antes de ir a la cama.

Varias semanas más tarde, allí estaba yo, sentada en el piso del *majlis* de Mozi, rodeada por todas las mujeres de la familia (excepto Jamila, que había ido a visitar a una vecina cuando llegué). Estábamos en medio de la charla sobre recetas y esmalte de uñas cuando de repente se abrió la puerta y entró Hamdan. Era evidente que no sabía que las mujeres estaban con invitadas. Tan solo pasaba por el *majlis* rumbo al otro extremo de la casa. ¡Qué diferente lucía! Estábamos a la luz de pleno día y rodeados de personas, él no estaba enojado ni le acompañaba la presencia maligna. Entonces, me di cuenta de que era más alta que él. Le llevaba una cabeza. Parecía casi un muchachito. En ese momento, Dios llenó mi corazón de compasión hacia él y comprendí que todo ese exterior tan violento no era más que una protección para el alma temerosa que había en su interior. Sentí el impulso de abrazarlo y decirle cuánto lo amaba Jesús.

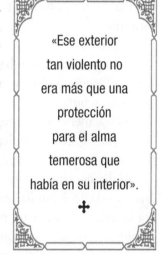

«Ese exterior tan violento no era más que una protección para el alma temerosa que había en su interior».

No lo hice.

Titubeó sin saber qué hacer hasta que se sentó en medio de su parentela.

—Bueno, Reema, ¿ya te convertiste en musulmana?

—No, señor Hamdan —respondí con humildad—. ¿Y usted se convirtió en cristiano?

Sonrió son sinceridad. A continuación, me hizo algunas preguntas sobre la Biblia y la mejor respuesta fue poder contarle la historia de cómo había llegado a ser una *mu 'mina*, una creyente. Cuando terminé, Mozi palmeó mi muslo y preguntó con seriedad:

—¿Es una historia verídica?

—Sí, por supuesto. Y Dios puede hacer lo mismo por ti si confías en su Hijo.

¡Cuántas veces había contado esa historia! Sin embargo, esta vez parecía haber llegado a su corazón.

Hamdan se puso de pie y recuperó su porte autoritario.

—¡Reema!

—Diga, señor Hamdan.

—¿Tienes una Biblia en árabe?

—Sí, señor.

—Tráemela. Si no estoy, déjala aquí y yo la recogeré. Quiero ver esa "Biblia" tuya —dijo con desdén.

Aun así, ¡me había pedido una Biblia!

Al día siguiente, envolví en una tela una Biblia en árabe y se la llevé. Jamila, que nada sabía de la petición, era la única en casa para recibirla. Y, más tarde, este detalle se volvería más significativo. Como era analfabeta, no podía decir que eso fuera una Biblia. Le entregué el libro y solo le dije que Hamdan lo había solicitado. Nuestra familia había recibido cosas de su parte con anterioridad, por eso no había razones para que me preguntara algo. Pocas semanas más tarde, Jamila y yo conversábamos sentadas en el piso de un cuarto de hospital, mientras acompañábamos a una sobrina de ella que estaba enferma. Y mencionó el libro.

«¿Recuerdas el libro que le trajiste a Hamdan? Bueno, le gusta».

Me quedé perpleja. *¿Le gusta? ¿Acaso tiene idea de lo que me está diciendo? ¡Es una Biblia, por el amor de Dios!*

Jamila prosiguió, hasta casi se quejaba por el interés que su hijo mostraba por la lectura: «En realidad, le gusta muchísimo. Cuando llega de trabajar, ¡lo único que hace es leer, leer y leer ese libro!».

Desde entonces, Mike y yo tuvimos otros encuentros positivos con Hamdan. En secreto, aceptaba Biblias, material de estudio, de audio y vídeo, así como literatura, y ha cambiado tanto como persona que creemos que es un creyente secreto. Con una gran sonrisa, estrecha la mano de Mike y lo presenta a otros musulmanes como su amigo. Cuando visitamos su hogar, Hamdan nos honra sirviéndonos comida de la repleta bandeja *fou 'ala* directamente. Tenemos la esperanza de algún día escuchar la historia completa desde la perspectiva de Hamdan y conocer cómo llegó a ser un *mu 'min*.

«Antes de nuestra llegada a Arabia, nos advirtieron que no atrajéramos la atención puesto que cualquier actividad cristiana la podrían vigilar».

Antes de nuestra llegada a Arabia, nos advirtieron sobre la vigilancia. Lo mejor era no atraer la atención, dado que cualquier actividad cristiana la podrían vigilar. Podían intervenir nuestro teléfono, leer nuestros correos y revisar nuestra basura. Es más, algunas de nuestras cartas llegaban con un sello del gobierno, lo que era indicio de que las abrieron y leyeron. Nuestra basura desaparecía del cubo de desperdicios. Nuestro primer teléfono parecía estar intervenido porque siempre se escuchaba mucho ruido en la línea, hasta el punto de interferir en nuestras conversaciones. (Aunque esto también podía responder a una tecnología anticuada y un equipamiento obsoleto). Sin embargo, no todos nuestros temores se concretaban ni eran justificados.

Una vez, mientras vivíamos en un apartamento, surgió la necesidad de hacer desaparecer cierto «material confidencial». Como no podíamos correr el riesgo de que encontraran algo en nuestro cubo de basura que nos pudiera incriminar como misioneros cristianos, decidimos quemarlo. ¿Alguna vez has intentado encender fuego en un apartamento? ¡Y nosotros que no queríamos llamar la atención! Usamos una lata de café vacía que colocamos en el fregadero de la cocina para tener agua a mano por si el experimento se salía de control. Apenas se encendieron los papeles, nos dimos cuenta de nuestro error. Nubes de humo salían por la ventana de la cocina. La gente en la calle empezó a mirar hacia arriba. ¡Era demasiado humo para tan poco papel! Se sumaron más personas que miraban con rostros consternados. ¿Y si se les ocurría llamar a los bomberos y debíamos explicar por qué quemábamos papel en una lata de café?

Tuvimos otro episodio gracioso que le sucedió a Mike mientras aprendía el idioma. Cansado de estudiar ante su escritorio, decidió tomar sus tarjetas con frases y salir a caminar. Cada tarjeta tenía impresa una frase sencilla en árabe de su clase y practicaba leyéndolas en voz alta. Primera: «¿Dónde está el bolso?». Luego: «¿Está el bolso aquí?». Después: «El bolso está allá». Continuó caminando hasta llegar a una tapia baja sobre la que se recostó mientras repasaba otras oraciones.

De la nada, aparecieron tres árabes y lo encararon, es probable que fueran policías vestidos de civil. Aunque no hablaban inglés, le comunicaron que querían saber qué estaba haciendo. Mike intentó explicarles que solo practicaba sus lecciones de árabe, pero que todavía no sabía lo suficiente como para hacerse entender. Viendo su creciente impaciencia y sin saber qué otra cosa hacer, decidió demostrárselos. En su mejor árabe, Mike leyó la primera frase en voz alta: «¿Dónde está el bolso?». Los hombres comenzaron a mirar a su alrededor con cara de confundidos, al parecer buscando el bolso. En un intento por aclarar su demostración, leyó la segunda tarjeta: «¿Está el bolso aquí?». Los hombres comenzaron a hablar entre ellos todavía perplejos. De nuevo, Mike leyó: «El bolso está allá». Y los tres hombres se acercaron a mirar por encima de la tapia, ¡buscaban el bolso!

De repente, un radioteléfono portátil que llevaba oculto uno de los hombres comenzó a sonar. Lo extrajo de entre sus ropas y habló brevemente con alguien. Luego, miraron a Mike con desdén, hicieron algunos gestos con las manos y se marcharon corriendo. A decir verdad, Mike llegó a casa muy animado por este encuentro. ¡Esos hombres habían entendido su árabe!

✛

✤

CAPÍTULO III

EL PODER
DE LAS
PREGUNTAS

PIDAN, Y SE LES DARÁ.

MATEO 7:7A

EL PODER DE
LAS PREGUNTAS

«**D**isculpa». La princesa alzó con gracia su mano y señaló en mi dirección a través de aquel *majlis* del palacio decorado de manera suntuosa. Sentada en un precioso sofá, la escoltaban a ambos lados otras damas pertenecientes a la realeza.

Varios visitantes habían venido a verla ese día, todos sentados en un semicírculo de hermosos muebles en dirección a su alteza, y recibían las atenciones de un grupo de sirvientes. Una rebosante bandeja tras otra repleta de bocadillos y bebidas presentadas de manera artística recorría la habitación ofreciendo su contenido a cada invitado por turnos. ¿Quién podría superar a una familia real árabe en cuanto a hospitalidad? Con tantos invitados con quienes conversar y todo aquel gran despliegue de servicio en marcha, confiaba que no notaría que yo no había comido nada. Después de todo, resulta ofensivo para cualquier árabe que uno desdeñe su hospitalidad; ¡cuánto más si uno rechaza la generosidad de la realeza!

«Disculpa». Varios de los invitados dejaron lo que hacían para ver a quién le hablaba. «¿Por qué no estás bebiendo mi café?».

Sin duda, no tenía intención de parecer que rechazaba la amistad de la princesa, pero no tenía opción. Dios me había indicado que ayunara ese día. Él me había metido en este lío y tendría que ayudarme a salir.

«Dios me había metido en este lío y tendría que ayudarme a salir».

✠

Por supuesto, el hecho de que me invitaran al palacio ya de por sí era debido a la obra de Dios. Soy solo una muchacha de un pueblo recóndito de los Estados Unidos. A tres mujeres cristianas se nos había permitido estar allí ese día, pero por razones de seguridad no puedo explicar los motivos.

En casa, temprano por la mañana, hice una lista mental de los preparativos para la ocasión. *De acuerdo. Tengo que peinarme, planchar mi ropa, desayunar...* Me parecía que Dios interrumpía mis pensamientos y decía: *Ayuna hoy.*

No puedo ayunar hoy, razonaba con Él en mi mente. *Voy a ver a la princesa. Eso sería un insulto para la familia real.* (¡Como si Dios no entendiera la cultura árabe!). A decir verdad, carecía de sentido ayunar en ese momento. «Ayuna hoy»... no me abandonaba el pensamiento.

Cuando me reuní para orar con las otras dos cristianas que iban a ir a la visita, les conté mi dilema. Al fin y al cabo, esto las afectaría también. Después de debatir un rato y orar, Sheila y Jane me alentaron para que siguiera adelante con lo que creía que Dios me pedía que hiciera.

Así que allí estábamos, las tres sentadas en un gran sofá con una pregunta real danzando en el aire. Ninguna palabra de sabiduría del Señor me venía a la mente, de manera que decidí decirle de plano la verdad a la princesa y dejar que la responsabilidad recayera sobre los hombros de Dios por lo que me pedía que hiciera.

—Por favor, le ruego que me perdone princesa, pero hoy estoy ayunando.

Ella se sorprendió.

—¿Los cristianos *ayunan*? No lo sabía. ¿Y cómo ayunan? Es decir, hoy no comerás carne, pero sí arroz.

—Bueno... no. No voy a comer nada.

—¿Beberás jugo?

—Tampoco. No beberé ni comeré nada, excepto agua.

Muchas veces los musulmanes opinan que su método de ayuno es el mejor porque no comen ni beben nada desde la salida del sol hasta su ocaso. En cuanto mencioné que solo bebería agua, pude ver las sonrisitas y los movimientos de cabeza de los demás presentes en la sala que presenciaban con amabilidad el diálogo.

—A decir verdad —aclaré enseguida—, hay muchas maneras de ayuno cristiano. Muchos creyentes árabes ayunan de la misma manera que lo hace usted. Esta mañana Dios me dijo que ayunara hoy, así que me comprometí a no comer nada y a beber solo agua desde hoy por la mañana hasta mañana por la mañana. Durante veinticuatro horas.

La princesa me miró con fijeza.

—¿Quieres decir que esta noche irás a dormir con hambre?

La atmósfera pareció transformarse en ese momento.

—Sí.

Esto era un hecho significativo solo porque se supone que el ayuno concluya a la puesta del sol y empiece el banquete.

Su interés se despertó y de repente acudieron a su mente otros interrogantes que tenía acerca de las creencias y prácticas cristianas, como por ejemplo: «¿Cómo Jesús puede ser Dios?». También Sheila y Jane comenzaron a responder sus preguntas y pronto empezaría una seria conversación espiritual entre nosotras cuatro. Al mismo tiempo, un *majlis* repleto de visitas y una gran cantidad de sirvientes también escucharían la Verdad. Un tema llevó al otro y todos parecían estar prestando atención. Sin duda, otros musulmanes allí tendrían las mismas inquietudes. Jane, la más hábil en el idioma, explicó las cosas de manera magnífica. Sheila también sabía expresarse muy bien y la relación especial que mantenía con la princesa nos daba credibilidad a las tres.

Esta fue una oportunidad asombrosa. Es decir, si una princesa árabe musulmana está en una búsqueda espiritual, ¿con quién puede hablar al respecto? ¿Adónde puede ir? A las mujeres de la realeza las custodian, observan y acompañan. Tienen choferes y guardaespaldas asignados para protegerlas y escoltar a este harén o «lo vedado». Los hombres de la realeza tienen pleno acceso a cualquier medida de seguridad e inteligencia que pueda comprar el dinero. Los teléfonos celulares y las señales de computación se interceptan con facilidad y el personal de servicio puede escuchar las conversaciones privadas. Así que, ¿cómo podría semejante figura pública musulmana expresar interés en los principios del cristianismo delante de todos esos testigos? ¿No se metía en problemas la princesa al conversar así con nosotras?

> «¿Cómo podría semejante figura pública musulmana expresar interés en los principios del cristianismo delante de todos esos testigos?».

Repito, Dios es ingenioso. Le había procurado a la princesa la protección perfecta para que formulara las preguntas que quisiera acerca del cristianismo a un panel de tres cristianas justo allí en su propia casa, y lo había hecho de tal manera que nos preservaba a todos de cualquier repercusión negativa. Como el ayuno está considerado un acto de nobleza religiosa hacia Dios, quizá fuera el único motivo que no es causa de ofensa por dejar de comer y beber ante un anfitrión. Cuando me permitió explicar mi ayuno frente a todos, me sacaba del atolladero de manera amable y pública. En realidad, esto reflejaba bien su benevolencia, demostrando así el fundamento para su perdón real hacia una torpe estadounidense, cuyo rechazo de la hospitalidad en esta cultura casi siempre hubiera tenido serias consecuencias negativas. Al mismo tiempo, el incidente le brindó la excusa perfecta para enterarse de las creencias y las prácticas de sus invitadas cristianas. Estaba siendo diplomática. ¿Quién podría recriminarla? Sin duda alguna, *ingenioso*.

«La puerta de la oportunidad parece tener la forma de un signo de interrogación».

✝

Según la experiencia de nuestra familia, la puerta de la oportunidad parece tener la forma de un signo de interrogación. A veces, la pregunta caía en nuestro regazo, como en el caso de la festividad islámica *Eid al Adha*. No solo es una ocasión importante para visitar a todos los conocidos, sino que viene con un iniciador de conversaciones espirituales incorporado. Esto lo descubrimos en la casa de Habiiba cuando fuimos a visitar a las mujeres con motivo del *Eid*. Como hija mayor del hogar, tenía la responsabilidad de la faraónica tarea de cocinar y ocuparse de todos los demás preparativos necesarios, así que su hermana Noora se sentó conmigo en el *majlis*.

—¿Qué es *Eid al Adha*? —pregunté con genuino interés.

(Es probable que una conversación no se logre de manera más fácil que esa).

Noora, una jovencita muy madura para su edad y que tenía los pies sobre la tierra, estaba contenta de poder contarme más acerca del islam. Por lo general, le cedía el lugar a su hermana mayor por respeto, pero eso no haría falta hoy. Literalmente, se le iluminó la cara ante la oportunidad de responder mi pregunta.

—En esta festividad recordamos la historia de nuestro señor Abraham, que la paz sea con él. Se le dijo en sueños que debía sacrificar a Ismael, su hijo mayor, y al despertarse fue lo que hizo.

Continuó el relato enfatizando que era *Ismael* y no *Isaac*, como si esperara que yo disintiera en eso. Sin embargo, me intrigaba que esa historia estuviera en el Corán.

«¡Dios hizo que un rayo de la luz del evangelio quedara registrado en el Corán!».

✦

—¿Quieres decir que lo sacrificó en realidad?

—No... no. Colocó al muchacho sobre el altar, y cuando estaba a punto de sacrificarlo, Dios lo detuvo.

¡Asombroso! Tenía que saber más sobre eso.

—¿Y eso fue todo? ¿Solo le dijo que se detuviera? ¿Qué pasó después?

De alguna manera, mi creciente entusiasmo parecía disminuir el de Noora.

—Bueno, Dios lo detuvo y luego envió un carnero del cielo como sacrificio sustitutivo.

¡Un carnero del cielo!

Esto era increíble. ¡Dios hizo que un rayo de la luz del evangelio quedara registrado en el Corán!

—¿Y por qué celebran esto? ¿Qué significa esta historia para los musulmanes?

Ahora era el turno de Noora de formular una pregunta:

—¿Qué quieres decir con "qué significa esto"? Es solo algo que hacemos para recordar la historia. No significa nada —dijo, y mirándome con curiosidad, continuó—: ¿Adónde quieres llegar?

—Bueno, es solo que una celebración importante como esta debería tener una razón, un trasfondo, un significado. Esta historia también figura en la Biblia y se considera muy importante porque tiene un significado muy conmovedor y hermoso. Todas las historias de la Biblia tienen un profundo significado que las relaciona entre sí.

Nos quedamos mirándonos por unos instantes. Otra pregunta flotaba en el aire, rogando que alguien la expresara. Al final, me preguntó:

—¿Y cuál es el significado?

Es imposible describir el gozo que fue responderle.

—¿Recuerdas cómo en el Edén Adán y Eva comieron del fruto prohibido? Dios les dijo que si lo comían, morirían. Sería una muerte eterna del cuerpo y del alma. Dios los amaba y quería que vivieran junto a Él en el cielo para siempre, pero Él es santo y jamás quebranta su Palabra. Dios les dijo que la pena por el pecado era la muerte y no hay vuelta atrás. En cambio, Él hizo que fuera posible que otro ocupara el lugar de ellos y saldara la deuda. Prometió enviar un sustituto del cielo algún día para que muriera en lugar de los pecadores. De esa manera, Él podía perdonarlos sin faltar a su Palabra. Esta historia es un símbolo, una imagen de esa promesa.

»Dios dijo que el hijo de Abraham debía morir, así como dice que los pecadores deben morir. Dios detuvo la muerte del hijo y envió un carnero del cielo para que ocupara su lugar, del mismo modo que Él detiene nuestra muerte y envía a un Sustituto del cielo para que ocupe nuestro lugar. Querida Noora, ¿lo comprendes? Por eso a Jesús se le llama el Cordero... el "Cordero de Dios, que quita el pecado del mundo". ¡Él es el cordero enviado del cielo para morir por nosotros! Jesús se sacrificó a sí mismo para cumplir nuestra sentencia de muerte. ¡Todos los que creen y lo confiesan son perdonados e ingresarán al cielo con Dios por siempre!

Apenas si podía contenerme. Relatar el evangelio a través de la vívida imagen de esa historia ya de por sí es emocionante. Sin embargo, había más por lo cual regocijarme. Las lágrimas brotaban de los hermosos ojos oscuros de Noora y pendían de sus pestañas. Había entendido. Creo que era la primera vez que lo comprendía en realidad.

Muchas veces, las preguntas que abren la puerta para las conversaciones espirituales no son preguntas espirituales. Mi relación con

Salama comenzó a partir de una discusión sobre cuestiones cotidianas. En un área de espera, se sentó a mi lado para practicar su inglés. Nos presentamos y, como es habitual, la primera pregunta fue: «¿De dónde eres?».

—¿Eres de los Estados Unidos? Entonces deberías leer el periódico de hoy. Creo que pronto tu país dejará de existir. Inundaciones, incendios, terremotos, huracanes... Además, en África sigue habiendo hambrunas a pesar de que han pasado tantos años. ¡Y ahora en Oriente se producen tsunamis! El mundo está colapsando.

—Tienes razón —accedí—. Supongo que lo único bueno de todo eso es que es una señal de que Jesús vuelve pronto. La Biblia dice que habrá un extraordinario aumento de los desastres naturales en todo el mundo justo antes de su venida. ¿Acaso el Corán no dice algo así también?

—Así es. Nosotros también creemos que Jesús regresará al final de los tiempos. Sin embargo, ustedes creen que Él murió en una cruz y nosotros creemos que no murió...

Justo en ese momento, la mujer a la que acompañaba terminó su tarea y se levantó para marcharse. Al excusarme, Salama buscó un bolígrafo.

—Espera, dame tu número de teléfono celular. Debes venir a mi casa para que podamos conversar más sobre esto.

En nuestra última charla, me preguntó si me podía presentar a una de sus amigas que le gustaría sumarse a nuestros debates espirituales.

A decir verdad, a nosotros no nos importa si la persona con la que hablamos sea una auténtica buscadora espiritual o una declarada fundamentalista hostil, porque la Palabra de Dios en sí misma es viva y poderosa. ¡Produce un efecto en las personas, lo crean o no! Y aunque quizá no tengamos la oportunidad de presentar la totalidad del «plan de salvación» per se, si logramos transmitir cualquiera de las verdades de la Palabra de Dios, habremos hecho algo. Sabiendo que somos solo un eslabón en una cadena de hechos de los que nuestro por completo soberano Dios tiene el control total, nos quita toda la presión de encima. ¡Aleluya! Todavía más emocionante que esto es la manera en que Él confirma la Verdad que nos ha permitido presentar. Pudimos verlo en la historia de Sadiiq, nuestro agente inmobiliario.

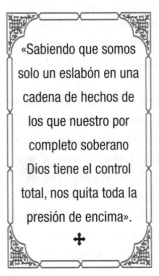

«Sabiendo que somos solo un eslabón en una cadena de hechos de los que nuestro por completo soberano Dios tiene el control total, nos quita toda la presión de encima».

✝

Mike contrató a Sadiiq a fin de que nos ayudara a conseguir otra casa en la zona, y pasaron mucho tiempo viendo posibilidades de alquiler. Nuestra familia estaba orando por una oportunidad de predicarle y Mike había intentado abordar el tema de las cuestiones espirituales en varias ocasiones, pero Sadiiq no parecía interesado. Ni nos imaginábamos de qué manera Dios atraería su atención.

En un viaje para negociar con uno de los propietarios, Sadiiq iba en el asiento delantero del pasajero dándole indicaciones a Mike que conducía. Yo iba sentada en el asiento de atrás y conversaba con él sobre el significado de varios nombres árabes.

—Sr. Sadiiq, nuestros amigos árabes nos dicen que hay cien nombres para Dios. Noventa y nueve están en el Corán y solo los camellos conocen el número cien. Dicen que por eso son animales tan arrogantes.

Él rió con ganas ante esa aseveración.

—No, eso no es cierto. ¡Es lo que les dicen a los turistas! No hay tal nombre número cien para Dios.

Nosotros también lo acompañamos con carcajadas.

—Bueno, quizá no sea cierto lo del camello, pero en verdad sí hay un nombre número cien para Dios. Para ser precisos, es su primer nombre, ya que los otros noventa y nueve son títulos en realidad. Está en nuestro libro, la Biblia.

Por supuesto, era lógico que hiciera la pregunta siguiente.

—¿En serio? Jamás había escuchado algo así antes. ¿Y cuál es?

En árabe, cité el nombre de Dios revelado a Moisés en Éxodo 3:14: «Yo soy el que soy».

De repente, cambió la expresión de Sadiiq. Acercó su oreja hacía mí para escuchar mejor.

—¿Qué dijiste?

Repetí el nombre. Me miró con la boca y los ojos abiertos por el asombro. Mike y yo no teníamos idea de lo que sucedía. Era evidente que pasaba algo. Nuestro amigo parecía muy afectado. Volvió a preguntar:

—¿Qué dijiste?

> «A veces sé que algo es cierto en mi corazón antes de poder entenderlo con mi cabeza... Cuando dijiste ese nombre... sentí algo... que salía de mi cuerpo... ¡como una fuerza!».
>
> ✤

Cinco veces tuve que repetirlo. Lo pronuncié con más lentitud, pensando que quizá mi árabe no fuera claro y pronunciara algo equivocado. A la quinta vez que lo dije, Sadiiq había girado por completo en su asiento y me miraba de frente. Con lentitud alzó su mano, señaló con su dedo directo a mi cara y dijo de golpe:

—¡Creo que esta es la Verdad!

Mike y yo pensamos justo lo mismo: *¿Tú lo hiciste? ¿Por qué?* Después de todo, todavía no le habíamos dicho nada. ¡Solo fue el nombre!

—A veces sé que algo es cierto en mi corazón antes de poder entenderlo con mi cabeza —prosiguió Sadiiq—. Y ese nombre... cuando dijiste ese nombre... sentí algo... que salía de mi cuerpo... ¡como una fuerza!

A partir de ese día, Sadiiq era una visita frecuente en nuestra casa. Hizo un estudio de investigación bíblica con Mike desde Génesis hasta Jesús, está leyendo la Biblia por sí solo y nos llama cada vez que tiene alguna pregunta que hacernos. Cuando viene a las ocho o las nueve de la noche, suele quedarse hasta la una o las dos de la mañana. Mike y yo bromeamos diciendo que cuando Sadiiq se convierta, ¡ya será un maestro de la Biblia calificado!

Otro gran ejemplo de cómo Dios confirma su Palabra en el corazón de los musulmanes es Sana. Nuestros caminos se cruzaron a partir de una serie de hechos encadenados, que comenzaron tarde una noche cuando le hice una pregunta a Dios.

Acabábamos de tener una reunión de oración en nuestra casa que duró hasta pasada la medianoche y había llegado la hora de limpiar. Además de todo lo que restaba acomodar, había una pila de platos para lavar. Mike se llevó a los niños al piso superior para que se acostaran y no bajó más. Tenía intención de bajar para ayudar, pero se quedó dormido por accidente junto a uno de nuestros hijos. Aunque habíamos estado orando durante horas, en cierto sentido yo estaba muy poco espiritual como para sentirme fastidiada. De pie junto al fregadero, me despaché a gusto con mi queja. A medida que me quejaba y seguía (y seguía), el Señor pareció interrumpir de repente: *Tal vez Yo quiera que estés lavando sola los platos a la una de la madrugada.*

De todos los posibles culpables de mi sufrimiento, ese no me había cruzado por la mente. Bajando unos cuantos decibeles en mi escala de irritación, pregunté con humildad: *Ah… ¿y por qué querrías algo así?* Dios no me respondió. De inmediato, me di cuenta de que a menos que me arrepintiera enseguida, no lo sabría. Terminé mi confesión con una petición: *Señor, por favor, perdóname por mis pensamientos de queja y sustitúyelos por tus pensamientos. Dirige mi mente hacia las cosas que* tú *quieres que esté pensando en este momento.* Comenzaron a llegar a mi mente tantas ideas y a tal velocidad que tuve que quitarme los guantes e ir al escritorio para anotarlas.

Estaba a punto de iniciar una reunión casera cristiana abierta a las mujeres musulmanas. Sería un lugar seguro al que podrían asistir y ver lo que hacen los cristianos. (La mayoría de las damas jamás soñarían con entrar siquiera a un templo abierto al público; no solo porque es «cristiano», sino porque allí hay también hombres). Sería durante el horario normal de visitas, para que cualquiera pudiera asistir sin levantar sospechas. Debía conseguir varias Biblias en árabe y hojas con canciones árabes para cantar. Estos artículos permanecerían en mi hogar para que las mujeres no tuvieran ninguna «parafernalia» de la que preocuparse. Parecía que Dios me estaba dando una comisión: «... y cuando vengan a tu casa, enséñales cómo adorarme».

Fue a uno de estos encuentros que asistió Sana, invitada por una amiga y compañera de trabajo cristiana árabe llamada Alia. Vino, pero no por interés en el cristianismo, sino porque se estaba muriendo. Era una artista joven y hermosa de unos treinta años y llena de vida. Tenía ante sí un futuro brillante, un esposo maravilloso que la amaba y un hijo pequeño al que ambos adoraban. También tenía un tumor en la glándula pituitaria que crecía en el interior de su cerebro. Le practicaban análisis semanales para controlar su crecimiento, pero no había manera de detenerlo. Los médicos habían declarado que seguiría avanzando hasta dejarla ciega, luego vendría la parálisis y, al final, la muerte. Aunque todos estábamos al tanto de las circunstancias de Sana, nadie dijo una palabra al respecto cuando vino. Nos pareció mejor mostrarle amistad y permitirle que mencionara el problema cuando se sintiera cómoda para hacerlo.

En determinado momento del encuentro, Sana decidió hablar.

—Mi amiga Alia siempre me habla en el trabajo sobre este grupo. Dice que ustedes oran unas por otras y que Dios responde a la oración. Me contó que ustedes también oran por nosotros —y esbozó una tímida sonrisa de gratitud al grupo de mujeres que la rodeaban—. Vine esta noche porque...

Se le quebró la voz. Bajó la mirada a su regazo y se llevó una mano al rostro como avergonzada de que nosotras viéramos sus emociones que surgían a la superficie. Con la otra mano comenzó a buscar un pañuelo en su bolso que asió con firmeza.

—¿Podrían orar por mí? Los médicos dicen que no hay nada que puedan hacer...

Cuando Sana prorrumpió en llanto, todas la imitamos. Nos levantamos de nuestros asientos y la rodeamos en oración mientras sosteníamos sus manos entre las nuestras y rodeábamos sus hombros en un abrazo.

«Querido Dios y Padre, creemos que tú trajiste a Sana aquí esta noche porque la amas y deseas sanar su cuerpo y su espíritu. Tú sabes todo lo que ella y su familia están atravesando en este momento y te preocupas. Padre celestial, te pedimos que sanes a Sana por completo de todo rastro de su enfermedad, en el nombre del Señor Jesucristo. Permite que a través de tu sanidad, Sana sepa que eres real y que deseas que te conozca de manera personal. Muéstrale que las cosas que leyó y escuchó aquí esta noche de tu Palabra son verdad y dale la fe necesaria para creer y ser salva».

En la soberanía de Dios, al día siguiente Sana debía ir al chequeo semanal. Su médico leyó los resultados de las pruebas y frunció el seño. Era absurdo. ¡Los del laboratorio deben ser incompetentes!

«Repítanlos», le ordenó a la enfermera. Repitieron los análisis y el resultado fue el mismo. Se solicitaron otros estudios hasta que el médico se convenció por fin de la desaparición del tumor asesino. «No sé qué pasó aquí, pero ya no tienes el tumor. Estás sana. Dile a mi secretaria que cancele tus futuras citas».

Sin saberlo, el médico musulmán proveyó la documentación clínica fehaciente de la respuesta a la oración del cristiano.

Ese día, Alia recibió una gozosa llamada de la asombradísima pareja. Mientras Sana le relataba la historia completa con sumo detalle, Alia podía escuchar al esposo que en un segundo plano le dictaba: «¡Dile que estamos con ellos! ¡Dile que estamos con ellos!». De inmediato, manifestaron interés en reunirse con Alia y su esposo en privado, a fin de aprender más acerca de este Camino.

¡Cuán grande es nuestro Dios!

✢

CAPÍTULO IV

CUANDO
MENOS TE
LO ESPERAS

PREDICA LA PALABRA;
PERSISTE EN HACERLO,
SEA O NO SEA OPORTUNO;
CORRIGE, REPRENDE Y ANIMA
CON MUCHA PACIENCIA,
SIN DEJAR DE ENSEÑAR.

2 TIMOTEO 4:2

CUANDO MENOS
TE LO ESPERAS

❖

¡No fue una invitación, sino que fueron dos! *Dos* invitaciones a cenar en el hogar palaciego del Sr. VIP, y cada una nos la entregó un amigo distinto del lugar. ¿Cómo Mike y yo merecimos tal honor? En realidad, no fuimos nosotros. El único requisito para recibir la invitación a esta clase especial de fiesta nocturna era el de no ser musulmán. Solo se trataba de las muchas buenas obras que patrocinaba la riqueza del Sr. VIP. La cena era una manera de difundir el islam y el Sr. VIP esperaba asegurarse un mérito adicional a los ojos de Alá. Era una actividad evangelística un poco camuflada.

En esencia, se hacía una invitación abierta a la población musulmana local. Se les acogía con agrado en la cena especial de la mansión del Sr. VIP si venían acompañados de un potencial candidato a convertirse. La mayoría de los habitantes de Pueblo Chico jamás soñaron siquiera con ver semejante residencia tan fastuosa por dentro y mucho menos disfrutar de una comida con el señor de la casa, ¡y los extranjeros eran menos aun posibles candidatos! La invitación tenía la intención de ser atractiva, y dio resultado. Dos de nuestros amigos de la localidad nos invitaron.

Aunque parecía interesante, tenía una desventaja. Estas actividades de musulmanes podían ser muy controladas. No ofrecían la oportunidad de testificar de Cristo de la manera en que se hacía en las visitas comunes. En lo que respecta a la predicación del evangelio, acudir a un par de hogares sencillos del barrio parecía ser una mejor inversión de nuestro tiempo. Cuando surgió algo de repente que impidió la asistencia de Mike, me alegró mucho cambiar de planes también.

> «Estas actividades de musulmanes podían ser muy controladas. No ofrecían la oportunidad de testificar de Cristo de la manera en que se hacía en las visitas comunes».

✤

—No, creo que deberías ir de todos modos.

Mike empleaba ese tono de voz suave que mi esposo reservaba para ocasiones como estas. Es decir, ocasiones en las que me aconsejaba hacer algo que yo no deseaba hacer.

—¿Pero por qué? Estas actividades públicas son todo lo mismo. Ya hemos escuchado hablar de esto antes. Al menos, si fuera una visita privada, tendría oportunidad de predicarle a alguien.

—No sé por qué, pero tengo el presentimiento de que deberías asistir esta vez.

Dios me había guiado a menudo a través de «presentimientos» de mi esposo; no era algo que pudiera tomar a la ligera. Mike palmeó mi mano y dijo:

—Permíteme orar por ti... —y finalizó su oración con una petición especial—: "Señor, te pido, por favor, que le des a Reema la bendición de poder predicarle a alguien esta noche, a pesar de la presencia de muchas personas. En el nombre de Jesús, amén".

La Biblia dice que si dos creyentes se ponen de acuerdo acerca de algo en la Tierra se cumplirá, pero debo reconocer que yo no estaba «de acuerdo» con la oración de Mike en ese momento. En realidad, pensaba: *Sí, claro... Como si Dios fuera a darme la oportunidad de predicar el evangelio en una actividad evangelística musulmana.*

Para mi asombro, eso fue lo que hizo Él.

Esa noche, un bullicioso grupo de entusiastas mujeres escoltó a las visitantes rumbo al lujoso *majlis* femenino para aguardar la entrada de la Sra. VIP. Por alguna razón, las alrededor de cuarenta o más musulmanas presentes solo atinaron a llevar dos invitadas no creyentes. Nos conocíamos... ¡Diane y yo éramos colegas misioneras! Apenas con una seña, me dijo que estaría orando por mí y yo le aseguré lo mismo. Entonces, un incremento en el fervor de la multitud anunció la entrada de la Sra. VIP.

Era encantadora, la imagen perfecta de femineidad. A cada invitada la conducían a su presencia para una bienvenida personal para que después la escoltaran hasta un cómodo asiento. Al final, ella también se sentó y sirvieron café. En ese instante, sonó su teléfono celular. Pidió disculpas por atender la llamada y se retiró para no regresar. Ingresó entonces Fátima la fundamentalista, nuestra maestra de ceremonias y calificada oradora de la noche.

«El rostro enrojecido de Fátima se crispaba de placer al arremeter contra la doctrina cristiana, difamar de la Biblia y blasfemar al Señor Jesucristo».

✝

Fátima era una mujer mayor de mirada severa que parecía disfrutar de lo que iba a hacer. Su rostro enrojecido se crispaba de placer al arremeter contra la doctrina cristiana, difamar de la Biblia y blasfemar al Señor Jesucristo. El programa previo a la cena duró dos horas y no fue justo lo que uno denominaría «evangelización amigable».

El programa alternaba entre los mordaces monólogos de Fátima y los testimonios personales de los convertidos al islam. Los convertidos, e incluso la audiencia, parecían intimidados por la vehemencia de su líder. Se le hinchaban las venas de las sienes y salpicaba gotitas de saliva al bramar con furia: «Ustedes, las occidentales, se creen tan inteligentes porque recibieron instrucción. Lo cierto es que las embaucaron para que adoraran a un hombre como si fuera un dios y para que creyeran en un libro que nuestros eruditos islámicos dicen que tiene al menos cincuenta errores por página. ¡Si tan solo tuvieran medio cerebro en sus cabezas y lo usaran por cinco minutos siquiera, se convertirían en musulmanas sin dudarlo!».

A decir verdad, estos mismos argumentos los habían esgrimido nuestros amigos varias veces, aunque con un espíritu muy distinto. Cuando nos decían que creíamos mentiras necias, lo hacían porque en verdad se preocupaban por nosotros y no querían que nos fuéramos al infierno. Su preocupación auténtica hacía que los apreciáramos todavía más. Lo de Fátima era otra historia. ¿Cómo se atrevía esta mujer? Incluso torcía y distorsionaba las Escrituras para fundamentar sus razonamientos equivocados. Al observar cómo gritaba y agitaba un dedo amenazador frente al rostro de Diane, me comenzó a hervir la sangre. Sentía que mi enojo aumentaba por lo que clamé a Dios en mi corazón.

Señor, temo que si agita su dedo huesudo en mi cara reaccionaré mal. Por favor, no permitas que eche a perder años de andar contigo frente a toda esta gente por cantarle las cuarenta a Fátima y ponerla en su lugar. ¡Ayúdame!

Enseguida vino a mi mente un versículo: «La ira humana no produce la vida justa que Dios quiere» (Santiago 1:20).

Está bien. De acuerdo. La ira no servirá de nada. Sin embargo... ¿qué hago yo?

Recordé otro versículo: «Un siervo del Señor no debe andar peleando; más bien, debe ser amable con todos, capaz de enseñar y no propenso a irritarse» (2 Timoteo 2:24).

¡Capaz de enseñar! Fue como si se corriera un velo. ¡La oración de Mike! Enseguida comprendí por qué estaba allí, por qué debía asistir. Todo vestigio de enojo desapareció y lo sustituyó una expectativa gozosa. Durante el resto de la noche mi oración fue la siguiente: *Dios mío, no permitas que me vaya de este lugar sin darles la oportunidad de escuchar el evangelio. Hay una respuesta para cada cosa que Fátima ha dicho. Permite que estas personas puedan escuchar esta noche tu verdad tal como es, sin tergiversar, sin pervertir y sin interrupciones. ¡Y cierra la boca de quienes «refutan»!*

Dos horas más tarde, ya habían pasado todos los testimonios y Fátima estaba haciendo un cierre a su disertación. Su rostro estaba morado por el esfuerzo que hacía para defender su posición. Se paró ante mí y agitó su dedo en mi cara para enfatizar lo que iba a decir.

—Es evidente que ustedes los cristianos no son el pueblo de Dios porque son muy diferentes entre sí. Nosotros, los musulmanes, nos vestimos iguales y oramos de manera similar; estamos unificados. ¡Ustedes son incoherentes! Por un lado, algunos beben alcohol y otros no. ¿Qué dice la Biblia sobre el alcohol?

Tan confiada estaba en que esta era una oportunidad dada por Dios que pude responder con alegría.

—Es una buena pregunta, pero antes de responder me gustaría expresar mi agradecimiento a todas por habernos invitado a venir esta noche. He aprendido mucho acerca de lo que creen los musulmanes y de lo que ustedes piensan que nosotros pensamos. Debo decir que parece haber un error básico generalizado de lo que es en realidad el cristianismo y cómo ser cristiano. ¿Les importaría si antes aclaro esto?

Había un completo silencio. Algunas de las mujeres comenzaron a mirarse entre sí. Al final, alguien dijo:

—Por supuesto, continúa.

Y así lo hice, tratando de abarcar el tema en detalles lo más posible en el proceso:

- ⊙ La Biblia no es un Antiguo Testamento judío ni un Nuevo Evangelio cristiano, es un solo libro con un único mensaje.

- ⊙ La creación y la caída del hombre en Génesis establecieron tanto nuestra necesidad de un Redentor como la promesa divina de enviarlo.

- La totalidad del Antiguo Testamento, sea de manera directa o indirecta, nos lleva hacia Aquel que vendrá a reconciliarnos con Dios y a restablecer la relación con Él que hemos perdido.

- El Nuevo Testamento nos relata las buenas nuevas de que Él vino y cumplió todas las profecías tal y como Dios lo había prometido.

- Un cristiano es alguien que cree en lo que Dios hizo y se ha sometido a su plan de reconciliación que es por medio del Redentor, Jesús, el Mesías.

Una mujer alzó su mano para preguntar.

—¿En qué parte de la Biblia dice que Jesús es Dios?

¡Eso sí que es ir directo al grano! Una de las adolescentes me alcanzó una Biblia, la cual usaban para demostrar los «errores» que contiene el texto. La abrí en el primer versículo y leí al grupo que me escuchaba con suma atención:

—"Dios, en el principio, creó los cielos y la tierra..."

Continué con la lectura enfatizando la idea que se reiteraba: Dijo *Dios* y fue así... Dijo *Dios* y fue así... Luego busqué Juan 1: el *Verbo* de Dios lo hizo todo, el Verbo de Dios *era Dios*, el Verbo de Dios *se hizo hombre* y caminó entre nosotros: Jesús.

Se alzaron las manos en todo el recinto y las mujeres se deslizaron hasta el borde de sus asientos inclinándose hacia delante. ¡Dios había transformado aquella actividad evangelística musulmana en un foro de proclamación del evangelio! El período de preguntas y respuestas se prolongó unos cuarenta minutos y dos cosas quedaron bien en claro: Hacía tiempo que las mujeres reflexionaban en esto y los razonamientos de Fátima no las satisfacían.

En ese preciso instante, la ardiente líder trató de ponerse de pie, alzando su dedo con la boca abierta, pero no le salía una palabra. ¡Parecía que Dios en verdad había puesto un sello a sus labios! También contaba con una ayudanta, en la forma de una mujer sentada junto a Fátima que la hacía callar a manotazos y diciendo:

—¡Chitón! ¡Siéntate! ¡Queremos escuchar a la cristiana!

Al notar la incomodidad causada por el repentino giro de los hechos y no queriendo que se generaran sentimientos hostiles, me pareció sabio preservar los lazos de paz y ayudar a Fátima y a los organizadores de la actividad a que no perdieran su reputación y respeto.

—Lamento haber tomado tanto de su tiempo esta noche —propuse con humildad—. Esta es su noche y se supone que hablemos sobre el islam.

Una de las mujeres descartó enseguida mi pedido de disculpas.

—Claro que no, de ninguna manera, ¡esto ha sido maravilloso! Hace años que asistimos a actividades de esta clase y esta es la primera vez que escuchamos la explicación de un verdadero cristiano acerca de las creencias cristianas.

Justo cuando les ofrecía hacer un estudio de la Biblia en mi casa para todas las que estuvieran interesadas en leer más por sí mismas, anunciaron la cena. Las mujeres se pusieron de pie, pero en vez de formar una fila para recibir la comida, se apretujaron a mi alrededor. Varias formulaban preguntas al mismo tiempo. Yo no salía de mi asombro. ¡Qué increíble que los que apoyaban la cena de extensión del islam estuvieran tan hambrientos por el Pan de Vida!

«¡Qué increíble que los que apoyaban la cena de extensión del islam estuvieran tan hambrientos por el Pan de Vida!».

✛

Sin duda, ¡historias como estas no son exclusivas de mi familia! En una reciente conferencia de siervos cristianos en el mundo árabe musulmán, cada país representado tenía para contar historias asombrosas similares. Durante la década pasada, el volumen y la frecuencia de estos testimonios aumentaban cada año, marcando lo que parece ser una tendencia creciente en el ministerio a los musulmanes. Una nueva colaboradora que llegó a nuestra zona sentía gran frustración por la cantidad de tiempo que le llevaría aprender el idioma. Oraba por sus vecinos, pero se sentía segura de que pasarían años antes de poder conversar y predicarles de manera significativa. Un día, llamaron a su puerta. Al abrirla, se encontró con cinco mujeres de pie en el umbral que aguardaban para hacerle una pregunta.

«Nos encontramos en una gran curva de aprendizaje de esperar lo inesperado».

—¿Eres cristiana?

—Sí.

A esta obrera le maravilló que su primera conversación con sus vecinos árabes musulmanes comenzara de esa manera.

—¿Tienes una Biblia?

—Sí, por supuesto.

—Bueno, hemos estado hablando y decidimos que quisiéramos leer juntas la Biblia, por nosotras mismas. Si nos permites usar tu Biblia, puedes sumarte al grupo.

De manera que ahora tenemos a los musulmanes invitando a los misioneros a sus estudios de la Biblia. ¿Está Dios obrando en el mundo árabe?

Nos encontramos en una gran curva de aprendizaje de esperar lo inesperado. Cuando Mike necesitó ayuda adicional para perfeccionar su árabe, fue bendecido al hallar a un caballero árabe que hablaba inglés con relativa fluidez. El Sr. Rashid era un hombre atento y erudito, con una buena educación y conocedor de otras culturas. Ambos acordaron reunirse una hora para las clases, pero pronto descubrieron que su estudio del idioma se iba convirtiendo en un tiempo dedicado a debates religiosos. El Sr. Rashid disfrutaba mucho más de la estimulante conversación espiritual que de las repetitivas y aburridas clases de idioma y, por supuesto, le pagaban por su tiempo sin importar cómo se usara. Para Mike era una bendición por partida doble. Podía testificar del evangelio y, a la vez, tenía un descanso en su lucha con el árabe. ¡Qué buen trato!

Era, desde luego, dinero muy bien gastado. Después de todo, la razón para tratar de aprender el idioma era, ante todo, para ser capaz de testificarles a los árabes musulmanes las Buenas Nuevas. La disposición al debate del Sr. Rashid le permitía a Mike ir directo al punto. Se convirtió en el momento más destacado de la semana y, a la vez, nació una amistad.

Como pensadores analíticos que eran, cada uno significaba un desafío para el otro. Sus profundos debates los conducían a preguntas cada vez más difíciles que los obligaban a indagar en sus libros. Mike, que siempre había sido un ferviente estudioso de la Biblia, profundizaba con mayor intensidad en la Palabra para hablarle a su par musulmán toda su riqueza e inerrante verdad. Incluso, le enseñó al Sr. Rashid los principios de la exégesis para darle una sólida y consensuada metodología para su estudio personal.

Siguieron reuniéndose durante meses. Este debate continuo no solo los benefició a ambos, sino que resultó en el desarrollo de un recurso de evangelización y discipulado para que los obreros cristianos lo usaran en el ministerio entre los musulmanes. Los argumentos, desafíos y preguntas del Sr. Rashid, sumados a otros aportes, fueron de inspiración y de enorme ayuda para que Mike se decidiera a escribir ese material. Diseñado para usarlo como estudio bíblico entre musulmanes interesados en conocer la Verdad, o como curso de discipulado para recién convertidos, también se emplea en iglesias y grupos pequeños para capacitar a los creyentes a fin de que les testifiquen de su fe a los musulmanes. Aunque el árabe de Mike nunca abandonó el nivel bajo que tenía, el valor de esos muchos meses de «estudio del idioma» con su tutor, al parecer tenían un propósito mucho mayor en el plan de Dios.

Umm Abayd era una perfecta desconocida. La conocí en una visita a una amiga. Pidió mi número telefónico y comenzó a llamar y a aparecer de visita en mi casa, casi siempre a la hora de la comida. Luego de un tiempo, me dio la sensación de que tenía armado un círculo de personas a las que visitaba con regularidad y así evitaba tener que comprar alimentos. Cuando debido a un nuevo embarazo no me sentí bien, le pedí que suspendiera sus visitas. Volví a verla un año después. Al cabo de una hora de charla en la que nos pusimos al día, se puso seria de repente.

—Me gustó la película —comentó en forma directa.

—¿Qué película? —pregunté creyendo que hablaba de una reciente visita al cine.

—La película que me diste.

No recordaba haberle dado una película. Notando mi desconcierto, me dio más datos:

—Esa película... la que trata de Jesús.

Al parecer, le había prestado la película *Jesús*, que es una dramatización del Evangelio de Lucas.

—¿Qué te gustó de la película? —le pregunté.

—Todo —dijo y acompañó sus palabras con el gesto de pulgares arriba y una expresión por demás elocuente.

—¿Sabías que esa historia está en la Biblia?

—Sí, en el *Injil*.

—El *Injil*, el Evangelio, es una parte de la Biblia. ¿Tienes una Biblia completa?

—No, no tengo nada.

—¿Puedo traerte una Biblia la próxima vez que nos veamos?

—Sí, tráela.

—Tengo, además, otras cosas que...

—Tráeme todo. Quiero más de esto. Quiero saberlo todo.

«Tráeme todo. Quiero más de esto. Quiero saberlo todo».

Otro ejemplo de lo inesperado es Amira, una amable viuda de cuyo esposo se rumoreaba que se había convertido al cristianismo hacía unos años. Él y sus dos hijos habían sufrido muertes prematuras. Ahora, ya mayor, Amira parecía disfrutar de que la fueran a visitar, y Sheila, Jane y yo no éramos la excepción. Aunque era amigable y nos honraba con la misma hospitalidad que a sus invitadas musulmanas, hacía una diferencia. Cuando nos saludaba, se cubría la mano con el extremo de su velo para evitar tocarnos. A veces, incluso hasta se lavaba luego de recibirnos. Fuera de esto, nos seguía invitando.

En una de esas visitas, conversábamos sobre el café y le dije que en la siguiente ocasión le llevaría un tarro de café estadounidense. Le pareció interesante y coincidió en que sería divertido experimentar algo nuevo. Me dio la sensación de que recibir algo de parte de sus invitadas podría ser una nueva experiencia para ella. Amira era considerada adinerada y muchas personas «visitaban» a los ricos en busca de regalos. Cuando le llevé café de mi país junto con unas rosquillas, se sorprendió y la acción le cayó muy bien. Luego de beber varias tacitas del nuevo café, recordó que a su esposo le gustaba el café así, fuerte y sin especias. En la siguiente visita nos animamos más.

> «Amira podría escuchar el evangelio de una manera con la que estaba más acostumbrada, a través de la probada estrategia árabe de contar historias. ¡Le encantó!».

Aunque anhelábamos ofrecerle una Biblia, nos dimos cuenta de que Amira nunca había aprendido a leer. Creció en un mundo en el que los varones iban a la escuela solo a aprender a recitar el Corán y las niñas no iban en lo absoluto. En nuestra siguiente visita, le llevamos un juego de doce casetes de la Biblia dramatizada envuelto para regalo. Así podría escuchar el evangelio de una manera con la que estaba más acostumbrada, a través de la probada estrategia árabe de contar historias. ¡Le encantó! ¿Cómo lo sé? La siguiente vez que nos vimos, ¡corrió hacia nosotros con una gran sonrisa en su rostro y nos dio la bienvenida a cada una con *ambas* manos *descubiertas*!

¿Alguna vez Amira dijo que creía en Jesús el Mesías? Que yo sepa, no. ¿Acaso eso nos desalienta? ¡De ningún modo! Todavía hay mucho temor a las represalias entre los musulmanes, lo que evita que sean muy francos en cuanto a su fe. Eso no significa que no tengan fe, aunque esta sea nueva, pequeña o no se haya probado.

Una vez le pedí a Dios una señal de que estaba obrando en la vida de nuestros vecinos. Nuestra familia había estado lejos de Pueblo Chico durante bastante tiempo, y cuando regresamos, parecía como si se hubiera producido un retroceso en lo espiritual. ¿Se habían olvidado de las cosas que habían escuchado y visto de Jesucristo? ¿Acaso el maligno había quitado las semillas sembradas en ese suelo? En lo personal, necesitaba un poco de aliento.

Le pedí al Señor que me diera una señal de que Él seguía obrando en el corazón de mis vecinos haciendo que me sirvieran un panecito frito especial llamado *luqimaat*. Por lo general, se preparaban en los festejos, como casamientos o al romper el ayuno del Ramadán, así que sería inusual que los sirvieran en esa fecha. Avisé por teléfono y en una tarde programé tres visitas a viejas amigas. Todas estaban ansiosas por conocer a nuestro nuevo bebé, pero les anticipé que mi visita sería muy breve, ya que el pequeño no podría permanecer despierto hasta muy tarde. Antes de salir, le pregunté al Señor si debía llevar algo. Varias cosas vinieron a mi mente, las cuales coloqué en una bolsa aparte y guardé en el auto por seguridad.

En la primera casa, fue una visita muy agradable y las damas aceptaron el regalo de una nueva película sobre el evangelio. Se trataba de una producción muy emotiva que se centraba en la interacción de Cristo con las mujeres en las Escrituras, ilustrando la manera en que las trataba y los milagros que hizo en su favor, demostrando el amoroso cuidado y estima por las mujeres creadas por Él. Shareen, que había sido cabeza de su hogar desde la muerte de su esposo hacía unos años, decidió hacer extensiva su autoridad sobre mí diciendo: «Antes de marcharte, visitarás a Rahma».

Rahma era una querida amiga de años de Shareen, pero no la conocía muy bien. Nos habíamos encontrado un par de veces y noté que tenía un espíritu dulce y apacible. Cuando Shareen recibió sanidad, me llevó a casa de Rahma para que orara por uno de sus hijos enfermos. Rahma se casó a los trece años, y su unión con su primo había tenido sus efectos en el ADN de su noveno hijo. Fuad, de apenas un año, nació con medio cerebro. Acostado en su lecho se veía muy pequeño para su edad. Aunque tenía los ojos abiertos y parecía mirar a su alrededor, su cuerpo yacía flácido, como una muñeca de trapo. En el pasado, tres de nosotras las creyentes habíamos orado juntas por él, pero sin efectos aparentes.

Sabía que la casa de Rahma estaba cerca, ¿pero por qué tenía que hacer una visita extra para verla en privado? ¿Por qué no se nos sumaba en alguna de las otras tres casas en las que ya tenía citas acordadas?

—Shareen, tengo que hacer todavía dos visitas más y el bebé se está poniendo molesto. ¿Podrías, por favor, dejarle mis saludos a Rahma?

En la siguiente casa, todas me saludaron de manera efusiva excepto por una... la mujer que llamo «mi madre árabe». A decir verdad, parecía tratar a todos con bastante rudeza esa tarde.

—Ya Ummi, ¿por qué no te alegras de verme? —le pregunté.

Enseguida se disculpó.

—¡Es mi dolor de cabeza! Me duele muchísimo la cabeza...

Después de preguntarle sobre la causa y la duración del problema, así como la medicación que había tomado, se me ocurrió que era una oportunidad perfecta para llevar la conversación hacia temas espirituales.

—¿Quieres que ore por ti? Quizá Dios te quite el dolor.

Enseguida accedió. Estaba presente una nueva nuera en la casa que jamás había presenciado algo así, pero el resto de la familia conocía por experiencia personal cómo Dios responde la oración. De manera que dadas las circunstancias, me molestó verlas tan desanimadas y, al parecer, indiferentes. A fin de ejercitar su memoria, oré en voz alta diciendo: «Ah, Dios del cielo, te doy gracias por todas las cosas que has hecho por esta familia. Les has manifestado tu amor y tu misericordia a través de oraciones contestadas en el pasado. Has manifestado tu Palabra y se las has confirmado de muchas maneras. Por favor, no permitas que olviden lo que has hecho por ellos y todo lo que les has enseñado acerca de ti y de tus caminos. Muéstrales de nuevo que Jesús es el único camino hacia ti y que tú estás dispuesto a salvarlos tanto de manera física como espiritual. Te pido que sanes a mi madre árabe de su dolor, y uses esto para recordarles y convencer a toda la familia de toda la Verdad que les has revelado. En el nombre de Jesús, amén».

Ellas, también, aceptaron una copia de la película del evangelio. Me imagino que, al irme, la nueva nuera habrá formulado montones de preguntas a sus nuevos parientes: «¿De qué hablaba esa mujer? ¿Qué cosas vio nuestra familia que Dios hizo en el pasado?».

Apenas había atravesado la puerta del muro cuando vi a Rahma que corría por la calle en mi dirección.

—Debes visitarme. ¿No te lo dijo Shareen? Debes venir a mi casa.

Le expliqué que tenía otra visita que hacer, pero le dije que intentaría pasar por su casa después, aunque el bebé ya estaba agotado. ¿No podíamos, acaso, ponernos de acuerdo para otro momento?

En la tercera casa, la mujer con la que acordé la visita había tenido que irse. Las dos que quedaron en el hogar me recibieron, pero fue una visita breve y salí un rato antes. De inmediato, Shareen apareció en escena de nuevo:

—Ahora debes ir a visitar a Rahma. Ven.

Parecía no darse cuenta de que el bebé lloraba a todo pulmón y ya se estaba enojando. Era casi la hora de la cena y hacía rato que debía estar en su camita. En silencio, le pregunté a Dios qué hacer. *¿Tenía que ocuparme de mi bebé o dedicarle tiempo a Rahma?* Era como si Dios dijera: *Yo me ocuparé de tu bebé. Tú ve a visitar a Rahma.*

Apenas llegué, se escuchó el llamado a la última oración del día. Todos se dispersaron dejándome sola con mi bebé aullando. *Fantástico*, pensé. *¿Cuánto irá a durar esto?* Decidí tomar en serio el ofrecimiento de Dios de cuidar a mi bebé, así que me concentré en aprovechar la oportunidad y me puse a orar. El bebé se calmó a los pocos minutos. Enseguida, las personas regresaron a la habitación, y cuando miré a mi alrededor, había una gran bandeja con comida en el piso. ¡En ella había una enorme fuente con exquisitos *luqimaat*! Sin duda, estaba distraída por las circunstancias porque, créase o no, no registré que Dios me acababa de dar la señal que le había pedido: Él seguía obrando en la vida de mis vecinos. Él estaba obrando en la casa de Rahma.

Shareen se veía muy complacida al sentarse junto a mí, cerca de la bandeja. Algunos de los niños vinieron a saludarme y luego Rahma trajo a Fuad y lo sentó delante de nosotras. ¡Fuad *sentado*! ¡Podía *sentarse*!

—¡Puede sentarse! —mi asombro despertó las sonrisas orgullosas en los rostros de todos los miembros de la familia presentes—. ¿Qué sucedió? ¿Qué hicieron? ¡Esto es maravilloso!

La respuesta brotó de los labios de Shareen antes de que nadie tuviera la posibilidad de hablar.

—Los médicos le dijeron que no había nada que pudieran hacer y ahí fue cuando Rahma decidió hacerse cargo.

Ella se enorgullecía de los logros de su amiga y estaba en todo su derecho. Luego, Rahma describió la terapia diaria que llevó a cabo por más o menos un año, ejercitando los músculos de Fuad hasta que fue capaz de sentarse por sí solo. La colmé de halagos por esto. Fue toda una proeza, en especial con otros ocho hijos que atender y sin tener ayuda adicional en la casa. ¡Qué amor tenía por su pequeño hijo, qué paciencia y qué fidelidad! Que Dios la bendiga.

Más tarde, al levantarme para comenzar con la despedida, Rahma me agradeció por haber ido y agregó con timidez:

—¿No tienes algo para mí?

Como se acostumbra llevar una bolsa de frutas u otro pequeño presente cuando se visita a alguien a quien uno no ha visto en mucho tiempo, pensé que se refería a eso.

—Lo siento, pero no sabía que vendría hoy aquí, por eso no traje nada.

—No, lo que quiero decir es si no trajiste algo para mí...

Como seguía sin darme cuenta, le pregunté:

—¿Algo como qué?

—Bueno, a Shareen le diste una película...

¿Qué más necesitaba que me dijera, por Dios? ¿Acaso esperaba que se plantara ante mí y me pidiera de plano: «Por favor, dame materiales cristianos»?

Al fin me di cuenta de lo que sucedía. Shareen había insistido en que visitara a Rahma en privado en su casa, no para que viera que Fuad podía sentarse, sino porque Rahma estaba en la búsqueda de respuestas espirituales. Quería escuchar el mensaje cristiano y Shareen sabía que yo podía ayudarla.

En ese momento, también noté que eran muy íntimas amigas. Una estaba en la búsqueda de Dios, pero confiaba tanto en su amiga como para confesarle ese secreto que podía llevarla a la muerte. La otra era una musulmana comprometida, pero estaba dispuesta a relacionar a su amiga con sed espiritual con una cristiana que podría dar respuesta a sus interrogantes. Si esto se descubría, ambas podrían haber sido incriminadas por igual.

—Sí, le di una película a Shareen. ¿Tienes tú también un reproductor de DVD para poder ver películas también?

No tenía, pero el Señor había provisto para su necesidad específica. Recordé los elementos que me sentí guiada a traer y fui hasta mi automóvil a buscarlos. Era un juego de doce casetes de la Biblia dramatizada, un libro llamado *Camino de luz* escrito en especial para musulmanes por un ex musulmán y un casete de música árabe autóctona, de alabanza y adoración. Rahma me dio las gracias repetidas veces mientras sostenía en sus

> «Noté que eran muy íntimas amigas. Una estaba en la búsqueda de Dios, pero confiaba tanto en su amiga como para confesarle ese secreto que podía llevarla a la muerte. La otra era una musulmana comprometida, pero estaba dispuesta a relacionar a su amiga con sed espiritual con una cristiana».

✝

brazos sus nuevos tesoros y los apretaba contra su pecho. Sonriendo, Shareen asintió con aprobación y dio por terminada la reunión de forma repentina: «Vámonos».

En cuanto estuve en el auto conduciendo rumbo a mi casa pude ver el cuadro completo. En todas mis visitas planificadas había «cumplido mi ministerio» y eso estuvo bien. Sin embargo, fue en la visita no planeada, no deseada, que parecía innecesaria y a la que no pensaba ir que terminó por convertirse en el lugar donde más estaba obrando Dios. Me sentí muy agradecida en que Él no permitiera que yo pasara por alto esa oportunidad.

✛

CAPÍTULO V

CUESTIONES
DE FAMILIA

YA TE LO HE ORDENADO:
¡SÉ FUERTE Y VALIENTE!
¡NO TENGAS MIEDO
NI TE DESANIMES!
PORQUE EL SEÑOR TU DIOS
TE ACOMPAÑARÁ
DONDEQUIERA QUE VAYAS.

JOSUÉ 1:9

CUESTIONES
DE FAMILIA

✛

«¿Qué nos dicen de sus hijos?».

Es probable que esta sea la pregunta que nos hagan con más frecuencia a Mike y a mí cuando la gente se entera que vivimos en el mundo árabe musulmán. Nuestros amigos occidentales de nuestro lugar de origen se asombran y no comprenden cómo podemos criar a nuestros hijos en un lugar en el que viven los fundamentalistas islámicos. Por otro lado, nuestros vecinos orientales se preguntan cómo es que no nos mudamos allí antes. Cuando los habitantes de Pueblo Chico se enteraron que Mike nació y se crió en Nueva York, menearon la cabeza y sonrieron con comprensión... por eso este estadounidense se mudó a Arabia. ¡Tenía que alejar a su familia de toda esas drogas, las pandillas, las prostitutas, los mafiosos y los ladrones!

Por supuesto, no existe lugar sobre el planeta que esté «a salvo» en realidad de todo mal. En todas partes hay personas buenas y malas, así como pros y contras para cada situación de la vida. Una de las ventajas de vivir aquí es la mínima exposición que tienen nuestros hijos a las imágenes pornográficas. Los hombres y las mujeres que uno encuentra por la calle llevan sus cuerpos bien cubiertos, los anuncios son inocentes y hasta hace poco había censura para el material de lectura y las películas importadas. Si uno compra una revista o un periódico extranjero, no es raro descubrir que las fotos sugestivas y los anuncios se hallen tapadas bajo una gruesa capa de tinta. De más está decir que el pecado sexual crece aquí como en cualquier otro lado, pero se mantiene oculto en vez de exhibirse de manera tentadora delante de tus narices.

> «Nuestros amigos occidentales de nuestro lugar de origen se asombran y no comprenden cómo podemos criar a nuestros hijos en un lugar en el que viven los fundamentalistas islámicos. Por otro lado, nuestros vecinos orientales se preguntan cómo es que no nos mudamos allí antes».
>
> ✝

Como se imagina la mayoría de nuestros amigos occidentales, una de las desventajas de vivir aquí ha sido la imposibilidad de conseguir muchos artículos que contribuirían a hacernos la vida más sencilla y a sentirnos más en casa. Esto fue mucho más notorio durante nuestros primeros años en Arabia que ahora. ¡Ah, lo que hubiera sido contar con un insecticida que exterminara las hormigas! Un limpiador con aroma agradable. O zapatos acordes a nuestros súper grandes pies estadounidenses. Toallas de papel, cubetas para hacer hielo, una tetera silbadora. Pomadas Vick Vaporub, protector labial Chapstick, chispas de chocolate Nestlé. Lo más doloroso, desde luego, es saber que lo que deseas está con exactitud, en este mismo instante, en el tercer estante contando desde abajo, en el quinto pasillo del hipermercado Wal-Mart de tu ciudad. Podría ser tuyo por menos de cinco dólares si no estuviera en el otro extremo del planeta. Si bien no pueden compararse con las grandes preocupaciones como la opresión religiosa o el atropello a los derechos humanos, estas cosas, por más que sean insignificantes, de alguna manera cobran importancia en el diario vivir.

Sin embargo, cualquiera que sea el lugar en que uno esté y sean cuales fueren las cosas a favor y en contra, hay algo que es seguro: Nuestros hijos deben aprender a conocer y a confiar en Dios, al igual que tus hijos. Del mismo modo que lo hacemos tú y yo también. Sin importar dónde vivan las familias, los padres orarán por la seguridad de sus hijos, por el desarrollo de su carácter y por su futuro. En este capítulo, me gustaría cambiar el tema por un momento y contarte un poco de cómo Dios ha sido fiel con nuestra familia en medio del entorno que Él escogió para nosotros.

Cuando Mike y yo vinimos a Arabia, sabíamos que Dios nos había guiado hasta aquí. Fue bastante sencillo para nosotros abandonar la familiaridad de nuestro país de origen ante la expectativa de lo que nos tenía reservado Dios. Aun así, ¿qué pasaría con Tim? Cuando lo llevamos en nuestro primer recorrido por el *souk* [mercado] local, se aferró con

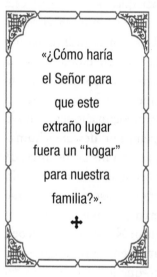

«¿Cómo haría el Señor para que este extraño lugar fuera un "hogar" para nuestra familia?».

✙

fuerza a mi blusa asustado por las figuras vestidas de negro que llenaban las calles. Ocultó su carita en mi pecho y su voz aterrada se oía apagada contra la ropa: «¡Mami, mira! ¡Brujas!». Por supuesto, explicarle que las madres en Arabia usaban túnicas y velos negros por causa de la modestia fue solo el comienzo. ¿Cómo haría el Señor para que este extraño lugar fuera un «hogar» para nuestra familia?

Al principio, vivimos por un tiempo en un pequeño edificio de apartamentos que albergaba tres familias con niños, una persona sola y el encargado del mantenimiento con su madre viuda. El hijo de una de las familias, Mohammad, tenía apenas uno o dos años más que nuestro Tim, de cinco, y ambos congeniaron de inmediato. De todos modos, fue un acto de fe para Mike y para mí la primera vez que permitimos que nuestro pequeño fuera solito a jugar a la casa de Mohammad. Me alegraba que casi siempre jugaran en nuestro apartamento o afuera, donde podía verlos desde el balcón.

Un día en particular, noté que Tim estaba concentrado envolviendo algunos de sus juguetes con papel de una libreta y los pegaba con cinta adhesiva como si fueran regalos. Cuando terminó de preparar un montón de estos «regalos», quiso salir por la puerta de la calle sin que yo lo notara. Con la cabeza gacha, murmuró:

—Adiós, mami. Hasta luego.

—Un momento, espera un minuto, compañero. ¿Adónde crees que vas y qué haces con todos esos juguetes envueltos?

—Los envolví para Mohammad —dijo e hizo una pausa antes de continuar—: Se los quiero regalar.

Al parecer, Tim esperaba que yo desaprobara su decisión. Temiendo que sus planes se arruinaran, enseguida explicó la situación:

—Mami, tendrías que conocer su casa. Todos sus hermanos y hermanas, además de él, solo tienen un juguete y un caballito de plástico para jugar, y están rotos los dos. Yo tengo montones de juguetes y quiero darle estos a Mohammad. Son míos, así que puedo dárselos a alguien si quiero, ¿no es así?

En ese momento, con los brazos repletos de juguetes para el sacrificio, nuestro hijo era el vívido retrato de una campaña de «¿Qué haría Jesús?». Imaginaba a su ángel de la guarda a su lado, junto con una nube de testigos, observándome como si dijeran: «No pensarás arruinar esto, ¿verdad?».

Como era de suponer, respondí diciendo:

—Por supuesto que puedes hacerlo, Tim. Son tus juguetes y estoy orgullosa de que los compartas con tu amigo.

Luego, otra parte de mí hizo su aparición, la parte que pensaba: *¿Qué estás haciendo? ¿No sabes que vivimos de ofrendas misioneras?* Era importante que el niño supiera que su sacrificio sería en verdad *su* sacrificio y no un reparto subsidiado por mamá y papá. Esa parte de mí se sintió obligada a agregar:

—Pero asegúrate de no regalar más juguetes o te quedarás sin nada para jugar en casa, ¿de acuerdo? Papá y yo no podemos comprar juguetes para sustituir los que repartes tú.

A Tim no le afectó una vez evaluado el costo. Su radiante carita pareció iluminarse todavía más al contar con la bendición de sus padres para su misión y corrió a entregar sus regalos. Me preguntaba cómo los recibirían, envueltos en arrugado papel de libreta y todo. Quizá la familia de Mohammad lo malinterpretaba considerándolo una ofensa. Lo que es peor, ¿y si ofendían a Tim? Su gesto era de sincera amistad y buena voluntad.

Un rato más tarde, regresó Tim. Su rostro seguía radiante y traía una flor en la mano. La alzó como a un tesoro muy preciado y anunció:

—A Mohammad le gustaron mucho los juguetes. Salió y caminó un rato hasta que encontró un arbusto con flores al alcance de su mano. Cortó una y me la regaló. ¿Puedo buscar un vaso de agua para ponerla?

Para Tim era más que una flor. Era un gesto sincero de amistad por parte de Mohammad. Esa flor permaneció en el sitio de honor en la mesita de noche de Tim mucho tiempo más del que duró su lozanía.

Dios conocía a nuestro hijo y le dio justo lo que más necesitaba para hacerle sentir que Arabia era su hogar. Dios le había dado un amigo. ¿Quién habría pensado que la amable reacción de Tim hacia la necesidad de alguien casi desconocido terminaría con la satisfacción de su mayor necesidad? Mike y yo jamás dejamos de asombrarnos, ni de aprender, del cuidado paternal de nuestro Padre celestial. Su manera de actuar en la vida de nuestros hijos ha sido un testimonio en sí mismo para los que nos rodeaban.

> «¿Quién habría pensado que la amable reacción de Tim hacia la necesidad de alguien casi desconocido terminaría con la satisfacción de su mayor necesidad?».

✛

Una mañana en que salíamos de Pueblo Chico para hacer unas compras, Tim, de siete años, me acompañaba en el asiento delantero. Estaba inusualmente tranquilo y pensativo mientras yo conducía por la calle de tierra. Rompió el silencio para poner en palabras lo que cavilaba en su pequeña mente:

—Mami, ¿vamos a vivir en Pueblo Chico para siempre?

El tono negativo que percibí en su pregunta me sorprendió, pues Tim siempre había estado contento con su vida aquí. No había conocido ningún otro hogar. Cuando abandonamos los Estados Unidos, Tim tenía menos de tres años de edad. Esos primeros años de su existencia los había pasado viajando a cientos de iglesias donde explicábamos nuestra visión y obteníamos el sostén que necesitábamos. Nuestra casa en Pueblo Chico fue el primer hogar que tuvimos como familia. Para ir directo a los motivos de la pregunta, indagué:

—¿Por qué? ¿Acaso no quieres vivir aquí para siempre?

Con la seriedad propia que viene de haber analizado una idea desde todas las perspectivas posibles, reconoció:

—A veces, quisiera vivir en Estados Unidos porque allá nieva, pero aquí no. Los niños de allá pueden jugar con la nieve todos los días.

La respuesta de Tim fue un alivio. Y una respuesta inteligente. Me alegró saber que no enfrentábamos una crisis mayor. No obstante, sabía que el calentamiento global no haría que nevara en nuestro desierto. En un intento por parecer alentadora, le recordé a mi hijo que aunque no nevara en un lugar como este, sí llovía en invierno y la lluvia era divertida también.

—Pero ya pasó el invierno y no llovió —se lamentó mi hijo.

Era lamentable, pero tenía razón. Lo cierto era que hacía tres inviernos que no llovía. El concepto de que Dios debía tener una buena razón para no permitir la lluvia, y que quizá hubiera un propósito más alto, no sirvió de mucho para satisfacer sus ansias de muchacho. Haciendo a un lado mis pobres intentos de razonar, traté de animar a Tim alentándolo a pensar en lo que querría hacer la próxima vez que lloviera. Enseguida enumeró una larga lista de ideas de cómo jugar en la lluvia. Era evidente que hacía tiempo que reflexionaba en esta cuestión del tiempo. Mientras conversábamos, se le encendió la bombilla en alguna zona de la mente de Tim. ¡Tenía una brillante idea!

—¿Sabes, mamá? Dios podría hacer llover en el verano. Él puede hacer llover cuando quiere.

De inmediato reconocí por dónde iba su línea de pensamiento. *¡Ah, no!*, pensé. *Señor, no dejes que este niño ore por lluvia.* Aquí debo confesarme: No creía que Dios fuera a enviar lluvia. En primer lugar, los hombres del tiempo en este lugar no necesitan salir siquiera de su cama. No hay nada que pronosticar. Todos los días son «cálidos, soleados y despejados» y en verano es «más cálido, más soleado y más despejado». En segundo lugar, estábamos en medio de una sequía de tres años. Tercero, estábamos en agosto, la época más ardiente y árida del año. Sin duda, Dios puede hacer cualquier cosa, pero no iba a hacer llover de repente de un cielo azul y despejado (literalmente). No podía imaginar cómo nuestro pequeño hijo podría absorber semejante impacto para su fe.

Sin embargo, se fue animando cada vez más y dijo:

—Dios puede hacer llover ahora mismo. Creo que tenemos que pedírselo. Vamos a orar.

Antes de que yo pudiera decir algo, la pequeña mano de Tim tomaba con firmeza la mía y su cabeza se inclinó en reverencia: «Querido Dios, si quieres y si esto no desacomoda ninguno de tus otros planes, ¿podrías, por favor, hacer llover? Lo entenderemos si por alguna razón no quieres que llueva ahora, pero si no hay problemas, nos gustaría un poco de lluvia...».

El día siguiente, fue un día normal de verano. Nuestros aires acondicionados de ventana hacían el esfuerzo por mantener la casa entre treinta y treinta y dos grados centígrados, que era al menos unos quince grados menos que la temperatura exterior. Tim jugaba solo en su habitación mientras Lydia dormía la siesta y yo aspiraba la alfombra de la sala. Como suele ocurrir en los meses de verano, se cortó la electricidad. Habiéndose apagado de golpe los ruidos y zumbidos de las máquinas silenciadas, la casa quedó en calma, y muy caliente, con rapidez. Al desconocer cuánto duraría el corte de energía, me acosté en la alfombra a descansar del calor hasta que los aparatos pudieran arrancar de nuevo. Al cesar nuestra actividad, y en medio de aquel profundo silencio, Tim y yo comenzamos a notar un ruido proveniente del exterior. Era un ruido sordo que no lográbamos identificar. Tim fue el primero en decir algo:

—Mami, ¿escuchas ese ruido?

Parecía un trueno, pero era natural que no pudiera ser.

—Debe ser un avión —respondí. Volvió a sentirse y tuve que reconocer—: No, no es un avión. Vayamos a ver.

Abrimos la puerta de la calle y me sorprendió lo oscuro que estaba afuera. Era casi el mediodía, pero parecía que el sol se hubiera ocultado. Como no podía ver el cielo debido al techo de la entrada que se extendía unos cuatro metros hacia el patio, debimos salir para poder mirar hacia arriba y ver qué pasaba.

Allí, justo encima de nuestra casa estaba la más oscura y densa nube que hubiera visto jamás. Era una nube que pendía a una altura muy baja y daba la impresión de que se había desprendido del cielo por su peso excesivo. Desde mi lugar de observación, la nube cubría un par de cuadras y estaba justo encima de nuestra casa. Tim y yo nos quedamos paralizados y boquiabiertos mirando hacia arriba. Entonces escuchamos otro sonido. Era el *tac, tac, tac* de las gotas que comenzaron a caer sobre el techo de metal corrugado de nuestro cobertizo.

—¡Tim! ¡Dios respondió tu oración! ¿Ves las gotas de lluvia? ¡Está lloviendo!

Tim apoyó las manos en las caderas en un claro gesto de estar analizando la situación y dijo:

—En realidad, yo esperaba más lluvia que esta.

Decidido a aprovechar la lluvia al máximo, giró para entrar a la casa a buscar su paraguas. Apenas lo hizo, la nube pareció abrirse en lo que fue un auténtico aguacero.

Nuestros vecinos salieron de sus casas y permanecieron bajo la lluvia. ¡Ni se inmutaban al empaparse! Admirados por el espectáculo, se maravillaban diciéndose unos a otros: «¿Y esto? ¿Cómo puede ser?». Los niños salían de todas partes para jugar bajo la refrescante lluvia. Tim empezó a hacer todo lo que había planificado que haría si llovía y, luego, entró a la casa a pedirme una taza de chocolate caliente. («Porque eso es lo que hacen los niños en los Estados

Unidos después de jugar en la lluvia», me explicó). Cuando terminó, paró de llover.

A veces me pregunto: ¿Qué habría pasado si Tim hubiera orado por nieve?

> «A veces me pregunto: ¿Qué habría pasado si Tim hubiera orado por nieve?».
> ✛

Hacía varios años que nuestra familia era parte de Pueblo Chico y habíamos visto el obrar de Dios una y otra vez, dándonos oportunidades de testificar su Palabra y confirmarla en los corazones de las personas después. Los musulmanes escuchaban el evangelio. Algunos habían recibido Biblias, literatura y casetes de audio y vídeo. Mike había llevado a un musulmán a los pies de Cristo y había discipulado a otro. Sin embargo, ahora parecía que el enemigo contraatacaba por el terreno perdido.

Nuestra segunda hija, Lydia, de cuatro años, tenía pesadillas frecuentes. Habíamos intentado de todo para aliviarla. Luego de orar en familia, todos pedíamos por Lydia en especial. Citábamos las Escrituras y le pedíamos a Dios que la protegiera y le diera dulces sueños. Seleccionábamos determinados versículos de la Biblia para que nuestra pequeña los memorizara y reclamara para sí. Le enseñamos a orar de manera más específica. A veces parecía resultar, pero eran más las veces que no. ¿Por qué la falta de coherencia? A pesar de todas las oraciones y el esfuerzo, se despertaba aterrada tres o cuatro veces por noche. Corría hasta nuestra habitación y se metía en la cama entre Mike y yo donde se sentía segura. Luego, una vez que nos había contado todas sus experiencias espeluznantes y recibía el consuelo de papi y mami, volvía a dormirse por fin. Era lamentable, pero *yo* no podía dormir con Lydia en la cama. Permanecía despierta en la orilla del colchón hasta que se dormía profundo y podía levantarla para llevarla a su habitación y acostarla. Cuando me volvía a meter en la cama, aparecía Lydia con otra pesadilla y recomenzaba el ciclo. Me levantaba exhausta, mañana tras mañana, durante semanas. Las pesadillas afectaban a toda la familia y hacían que yo no rindiera en la vida cotidiana, mucho menos en el ministerio.

Por encima de todo eso, nuestros vecinos observaban todo el proceso y nos regañaban por esto. Según su manera de pensar, ni siquiera era seguro que un adulto durmiera solo de noche. Cuando se iban a la cama, todas las mujeres dormían juntas en la misma habitación y todos los hombres en otra. Además, cada cuarto tenía una luz para ahuyentar al *jinn* y los niños contaban con amuletos que los preservaran del mal. Incluso vestían a los bebés varones como nenas, con la esperanza de que los malos espíritus se confundieran y los tomaran por mujeres despreciables y no se molestaran en causarles daño. Se maravillaban ante nuestra tozudez. ¿Por qué invertíamos tanto esfuerzo en oración, esperando que Dios protegiera a nuestros hijos, cuando no estábamos dispuestos a usar un simple amuleto?

¿Acaso pensábamos que Dios no tenía nada mejor que hacer que cuidar de nuestros hijos por nosotros? Qué absurdo era imaginar que Él se ocuparía de semejante nimiedad.

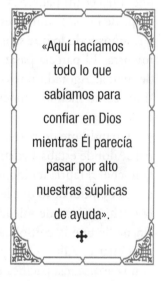

«Aquí hacíamos todo lo que sabíamos para confiar en Dios mientras Él parecía pasar por alto nuestras súplicas de ayuda».

Una noche en que acostábamos a los niños, llegué al límite. Como siempre, Lydia había pedido que su mami se quedara a su lado hasta que se durmiera. Al borde de mis fuerzas le dije: «Lydia, mi amor, mira... mami no se puede ir a acostar contigo a las siete y media todas las noches. Ya hemos orado por ti, la puerta está abierta, tienes la luz encendida y hasta puedes ver a tu hermanito mayor, Tim, desde tu cama. No hay nada más que pueda hacer por ti. Jesús es el único que puede hacer más, así que tienes que pedirle ayuda a *Él*». Lydia se quedó en silencio y un poco resentida cuando me marché de la habitación.

Apenas había atravesado la puerta cuando me sobrevinieron punzadas de culpa y remordimiento. ¿Qué clase de madre era que abandonaba a una niña asustada sola en su cama? Por otro lado, ¿cuánto más podía hacer un padre? ¿Y no era esto, en definitiva, culpa de Dios? ¿Adónde estaba Él en todo esto? Aquí hacíamos todo lo que sabíamos para confiar en Dios mientras Él parecía pasar por alto nuestras súplicas de ayuda. Agotada por completo tanto de manera física como mental, emocional y espiritual, me metí en la cama.

Cuando me desperté, ya era de mañana. ¡Mañana! ¿Adónde estaba Lydia? No había venido en toda la noche. ¿Habría tenido temor de venir en busca de ayuda después de lo que le dije? ¿Habría pasado toda la noche muerta de miedo, sin lugar al que acudir y sin nadie que la consolara? Salté de la cama y corrí a su cuarto. Allí estaba, profundamente dormida y con la apariencia pacífica de un ángel.

Un poco más tarde, unos pequeños pasos en la alfombra me anunciaban que Lydia se había levantado. La subí a mi regazo para darle el beso de los buenos días y le hice la pregunta que había ansiado hacerle toda la mañana.

—Cariño, no viniste a la cama de mami y papi anoche. ¿Acaso no tuviste sueños feos?

—Sí, tuve un sueño feo —respondió con voz alegre mientras sonreía y su cara y su cuerpo se veían relajados—. Le pedí a papá Jesús que me ayudara, como me dijiste.

(Lydia nunca decía «Jesús» a secas, sino «papá Jesús»).

¿Eso fue todo? ¿Le pidió ayuda a papá Jesús y volvió a dormirse? Esa explicación me parecía demasiado sencilla después de semanas y semanas de temor implacable. Quise saber más.

—De acuerdo. ¿Y cómo te ayudó Jesús?

—Bueno, cuando tuve miedo, lo llamé y Él vino a mi cuarto. Se sentó en mi cama, me acarició la espalda y me cantó una canción.

—¿Quieres decir que soñaste que Él hizo esto?

—No, Él vino de verdad —y con su dedo regordete señalaba la puerta—. Y se sentó en mi cama aquí. Me acarició la espalda como lo haces tú y me cantó una canción.

—¿Qué clase de canción?

—Él me cantó una canción que decía que me amaba —respondió con ternura.

Su rostro radiante me confirmó que cualquier cosa que Dios haya hecho en respuesta a la petición de ayuda de esta pequeña, y cómo la hiciera, de seguro había disipado todos sus temores.

A fin de satisfacer mi propia curiosidad, no pude evitar una última pregunta.

—Dime, Lydia... ¿cómo era papá Jesús?

Repasando en su mente el vocabulario de una niña de cuatro años, sus ojos se iluminaron cuando dio con la descripción exacta. Con mucha emoción me explicó:

—Se veía... ¡se veía como papá Jesús!

A partir de ese día, ya no hubo más pesadillas ni noches en vela. Lo que es más, creció buen fruto en la vida de Lydia porque comenzó a consolar a los demás con el mismo consuelo que había recibido de Dios. Cada vez que veía a otro niño llorando, dolido o temeroso, corría a su lado y lo consolaba con las mejores palabras de aliento que conocía: «¡No te preocupes, papá Jesús está aquí y te ama!».

✝

✤

CAPÍTULO VI

EL *JINN* Y
EL MAL DE OJO

**CUANDO LOS SETENTA
Y DOS REGRESARON,
DIJERON CONTENTOS:
—SEÑOR, HASTA LOS DEMONIOS
SE NOS SOMETEN
EN TU NOMBRE.**

Lucas 10:17

EL *JINN* Y
EL MAL DE OJO

L os tiempos devocionales eran bastante previsi-
bles. Siempre que oraba en privado, a mi mente venía la misma idea. Sentía que Dios me indicaba
que orara por una experiencia como la del monte
Carmelo en mi barrio. Algo que demostraría el vacío y la futilidad del islam y mostraría la realidad

de que Jesucristo es el
Señor. Aunque no tenía
idea de qué clase de cir-
cunstancias podría Dios
tramar para lograrlo, ha-
cía alrededor de un año
que oraba por eso. Mike
y yo nos comenzábamos
a preguntar si Dios lo iba
a *hacer* en realidad.

Unos meses antes de
que iniciáramos un largo
viaje fuera del país, Amal
invitó a «las muchachas» a
su apartamento una noche.

«Dios me indicaba
que orara por una
experiencia como la
del monte Carmelo,
algo que demostraría
el vacío y la futilidad
del islam y mostraría
la realidad de que
Jesucristo es el Señor».

✛

Amal era una empresaria soltera y entusiasta creyente. «Las muchachas» éramos las tres mujeres de la familia de Mozi, la nueva compañera de vivienda de Amal y yo. Recaía en mí la función de chofer.

En cumplimiento de una ley cultural árabe no escrita, Mozi no estaba lista cuando la pasé a buscar. Entré a esperarla en el *majlis*, pero me impresionó la apariencia rarísima de Dini... ¿o era Hilma? Me resultaba imposible diferenciar a las gemelas... esto era así hasta que abrían la boca. Con sus dieciocho años, Dini era discreta, tranquila y consciente de guardar la apariencia religiosa, mientras que su gemela idéntica, Hilma, es probable que hubiera sido una de la banda *Spice Girl* de haber nacido en occidente. Sus personalidades opuestas por completo era un habitual tema de bromas y risas. Sin embargo, no había nada de eso en la atmósfera de aquel hogar esa noche. Dini se veía rígida como una tabla y parecía estar en trance, como si fuera alguna clase de estatua viviente. Al parecer, ni siquiera había notado mi presencia en la habitación. Parecía estar inconsciente. Su abuela entró y empezó a regañar y golpear frente a mí a esta niña en estado de inconsciencia para arrastrarla luego a otro cuarto. En cuanto salió, se abrió otra puerta por la que entró una Hilma despeinada. Se sentó con brusquedad contra una pared y enseguida cayó en el mismo estado de rigidez que su hermana. Tampoco pareció notar mi presencia y su mirada perdida era estremecedora. De repente, prorrumpió en una chillona risa estrafalaria. Tal como empezó, se detuvo y sus rasgos se contrajeron hasta adoptar de nuevo la apariencia de una piedra. Algo extraño, por así decirlo.

Por fin Mozi estuvo lista para salir. No hace falta decir que Dini e Hilma no nos acompañaron. Mientras nos marchábamos, sentí la necesidad de saber qué les sucedía a las chicas.

—¿Estaban drogadas?

Mi amiga se horrorizó ante la sugerencia.

—¡Reema! Tú sabes que jamás harían algo así. Son niñas buenas. No son las drogas; es el *jinn*.

Dependiendo de a quién se lo preguntes, recibirás definiciones diferentes de lo que se supone que sea un *jinn* con exactitud. Mozi se refería a los malos espíritus. Me explicó que la abuela de las gemelas había estado alardeando de sus buenas calificaciones en una de las visitas matutinas. Una vecina se sintió avergonzada porque a su hijo le iba mal en la escuela. La historia entonces era que esta mujer celosa le había hecho el «mal de ojo» a Dini y a Hilma. Aunque hay encantamientos y conjuros que se pueden usar cuando uno tiene el profundo deseo de que a alguien le sucedan cosas malas, el mal de ojo viene en la forma de un cumplido durante una conversación común. Si halagas a un árabe musulmán, en realidad lo estarás maldiciendo si no pronuncias después del cumplido la expresión «*ma sha' Allah*». Se considera una maldición debido a que atraer la atención hacia alguien bendiciéndolo, o deseándole buena suerte, es en realidad una invitación al *jinn* para que venga y se la quite. Al pronunciar las palabras «es obra de Alá», se invoca a Alá para que proteja y preserve lo elogiado.

Para mi sorpresa, este problema llevaba algún tiempo en la casa de Mozi. La familia había estado ocultando con celo este vergonzoso secreto manteniendo a las niñas encerradas en la casa. En busca de una cura, habían consultado con los maestros religiosos o curanderos. En tres meses, habían sometido a las adolescentes a diversos tratamientos costosísimos, a manos de siete *mutawwas* diferentes.

—¿A qué te refieres con "tratamientos"? ¿Qué les hacen con exactitud? —le pregunté a Mozi.

—Distintas cosas. Nos dijeron que contratáramos personas que leyeran el Corán en voz alta en nuestra casa durante todo el día y toda la noche sin parar. Y a veces les hacían beber un té que contenía un versículo del Corán disuelto. Se suponía que el *jinn* saldría despedido al escuchar o ver las palabras de Dios.

—¿Y dio resultado?

—No. Otra vez les dieron un líquido especial que induce el vómito. Al vomitar el líquido, se suponía que el *jinn* saliera también de su cuerpo.

—¿Y pasó algo?

—No, pero los *mutawwas* tienen muchos métodos. También las estrangularon.

—¡¿Qué?!

—No para matarlas, sino para ayudarlas. Les aprietan el cuello hasta que caen desmayadas al suelo. De esa manera el *jinn* piensa que están muertas y las abandona.

—¿Y entonces?

—Hasta ahora, nada de eso ha servido.

Apenas me enteré de todo esto, se encendió una luz en mi mente. Enseguida lo supe. ¡Esta era la experiencia del monte Carmelo por la que había estado orando todo un año! La familia de Mozi había gastado todo ese tiempo y todo ese dinero en ir con las autoridades islámicas y no obtuvieron *ningún* resultado. Nada de lo que el islam tenía para ofrecerles pudo su-

«Nada de lo que el islam tenía para ofrecerles pudo suplir su necesidad. ¡Resultó ser algo vacío y vano!».

plir su necesidad. ¡Resultó ser algo vacío y vano! Por fin, casi podía ver que Dios me presentaba en bandeja de plata la oportunidad que había estado esperando... la oportunidad de ver al Padre exaltando a su Hijo a la vista de nuestros amigos y vecinos, testificándoles de su capacidad y disposición de salvarlos por medio de Cristo.

—Mozi, cuánto siento que Hilma y Dini hayan tenido que pasar por todo esto. Aun así, me alegra decirte que sé lo que se puede hacer.

Mozi no parecía demasiado convencida. Después de todo, mi familia era el proyecto del barrio, ¿recuerdas? Y este era un dilema que ni siquiera pudieron desentrañar los expertos religiosos.

—Ah, Reema... —dijo con una media sonrisa ante mi ingenuo optimismo—. ¿Qué podrías saber tú de esta clase de cosas?

—Bueno, no es que yo sepa algo, sino Dios, y en su Palabra nos ha dado todo lo que necesitamos saber para esta vida. ¿Quién creó al *jinn*?

—Alá, por supuesto.

—Cierto, ¿entonces a quién necesitas para que te ayude si quieres que el *jinn* te deje tranquila?

—Alá.

—Así es. ¿Oraron pidiéndole a Dios que las liberara del *jinn*?

—Por supuesto que sí —dijo poniendo los ojos en blanco.

—Por supuesto que lo hicieron —repetí—. Sin embargo, no dio resultados, ¿verdad?

—No.

A estas alturas es probable que fuera más la curiosidad que la esperanza lo que captó la atención de Mozi. Henchida de gozo, proseguí:

—Oraste, Dios no respondió y sé por qué.

Yo sonreía con franqueza. Todo un año de oración. No había manera de que Dios no lo hiciera. Era el monte Carmelo.

—Bueno, ¿por qué?

—Porque toda autoridad en el cielo y en la tierra y debajo de la tierra se le dio al Señor Jesucristo. Y nadie puede ir al Padre sino es por medio de Él. ¿Fue por medio de Jesús que oraron a Dios?

—Sabes que no podemos hacerlo; somos musulmanas.

—Ajá. Y sus oraciones no resultaron. Con todo, yo sí puedo orar por ustedes en el nombre de Jesús porque soy cristiana. Creo que si me permiten orar por las gemelas, sanarán. La Palabra de Dios promete que si sus hijos piden cualquier cosa en el nombre de Jesús, Él escuchará y responderá. Él no responde nuestras oraciones porque nosotros seamos algo especial, sino por quién es Jesús.

Justo en ese momento llegamos al apartamento de Amal. Mozi necesitaba tiempo para reflexionar en esto, así que acordamos seguir hablando más tarde.

Al final, también había otras damas invitadas. Disfrutamos de la compañía y el generoso despliegue que Amal y su compañera de apartamento prepararon para nosotras. Me alegré de que las invitadas adicionales estuvieran allí para ayudarnos a consumir lo que nos sirvieron, dado que no habían venido Dini ni Hilma. Cuando ya era hora de marcharnos, casi todas las mujeres estaban entretenidas en otra habitación viendo álbumes de fotos, mientras Amal, Mozi y yo nos quedamos solas en el *majlis*. Mozi tenía tanta confianza con Amal como la que tenía conmigo, así que decidió aprovechar la oportunidad para comentarle el problema de sus hermanas y nuestra conversación en el auto.

—Así que Reema dice que lo único que tienen que hacer ustedes, los cristianos, es orar en el nombre de Jesús y Dios quitará el *jinn*. ¿Eso es cierto?

Era evidente que respetaba la opinión de la instruida y talentosa compatriota árabe. Por lo tanto, Amal pensó por un momento antes de responder.

—Sí, es cierto.

Mozi se quedó mirando a sus dos amigas cristianas con incredulidad. El siguiente pensamiento que cruzó por la mente de Mozi se reflejó con claridad en su rostro. Su mirada y su sonrisa irónica eran como ver a un jugador de ajedrez que de repente se da cuenta de que su siguiente jugada terminará en

> «Permitiría que sus amigas cristianas oraran y no ocurriría nada. Después de todo, ¿cómo podría suceder algo? Esta única oración fallida silenciaría de modo eficaz y para siempre nuestro testimonio cristiano en la vecindad».
>
> ✝

un victorioso «jaque mate». Permitiría que sus amigas cristianas oraran y no ocurriría nada. Después de todo, ¿cómo podría suceder algo? Aunque las gemelas siguieran con el *jinn*, no estarían peor de lo que estaban ahora y todas nuestras declaraciones bíblicas acerca de Jesús quedarían desacreditadas de manera categórica y definitiva. Esta única oración fallida silenciaría de modo eficaz y para siempre nuestro testimonio cristiano en la vecindad.

Entre el islam y Jesús, las cartas estaban echadas.

—¿Y qué tienen que hacer para ofrecer esta oración? ¿Matar una gallina? ¿Quemar incienso?

Amal y yo nos consultamos para recordar versículos de la Palabra de Dios referentes a la situación.

—No, solo debemos pedirlo en el nombre de Jesús. Como la muerte y la resurrección de Jesús son lo que quita nuestra impiedad y nos hace aceptos a los ojos de Dios, es solo por medio de Él que podemos acercarnos al santo Señor del Universo.

—De acuerdo —dijo Mozi dejando de lado nuestra explicación—, pueden orar por Hilma y Dini.

—¿No quieres llamar a tus parientes y pedirle permiso a tu familia primero?

No queríamos que más adelante nos acusaran de algo que pudiera empañar la gloria que Dios recibiría en este desafío celestial. Tenía que hacerse como era debido y sin reproches.

—No —dijo, pues Mozi confiaba que no necesitaba pedir permiso para algo que no iba a acontecer—. Adelante.

Nosotras dos inclinamos nuestros rostros en reverencia y oramos:

«Querido Dios y Padre nuestro, ¡te alabamos! Tú estás por encima de todas las cosas porque eres el Creador de todo. Estamos agradecidas porque nos conoces, nos amas y te ocupas de cada detalle de nuestra vida. Tú amas a Dini, a Hilma y a toda su familia y deseas que ellas te conozcan y te amen también. En el nombre del Señor Jesucristo, por favor, quita el *jinn* de estas dos jovencitas y sánalas por completo. Pedimos de manera específica que las sanes ahora, mientras estamos orando, para que quede bien en claro que la liberación fue tu respuesta a esta oración hecha en el nombre de Jesús y que no ha sido por otra razón. Y te pedimos que lo hagas de manera que Mozi pueda reconocer que Jesucristo es en verdad el que tu Palabra dice que es, el Señor de todo y el único camino hacia ti».

Cuando llevé a Mozi a su casa, no me invitó a pasar como lo hacía casi siempre después que salíamos juntas. Ansiosa por saber cómo Dios había obrado su liberación, me apresuré a llegar a casa para contarle a Mike lo ocurrido y esperar juntos el desenlace.

En la mañana, al hablar por teléfono, tenía que sacarle las palabras a Mozi como con un tirabuzón.

Era evidente que no quería decirme lo que había pasado. A punto de llorar, las frases le salían entrecortadas.

—¿Las gemelas? Ah... bueno... este... están bien... están mejor.

—¿A qué te refieres con "mejor"? ¿Cuánto mejor? Mucho mejor, un poco mejor... ¿cómo?

—Reema... ¿qué puedo decirte?

—¡Quiero que me digas cómo están las gemelas!

Sin embargo, no lo hizo. En las subsiguientes visitas de rutina a la casa, hacían desaparecer a Dini y a Hilma apenas yo aparecía por la puerta. Aunque al parecer mi relación con todos los demás se mantenía como siempre, literalmente retenían a las muchachas en otro cuarto hasta que me marchaba. Era evidente que la familia no quería que les hiciera alguna pregunta. ¿O tal vez tenían miedo de que las chicas me hicieran alguna pregunta? Algo sí era cierto, nadie se vanagloriaba de que la oración en el nombre de Jesús no había surtido efecto. ¿Les habría dicho algo Mozi? Todos los intentos de preguntarle a la familia lo que había pasado se recibían con un cambio de tema.

Por último, llegó la fecha para que nuestra familia hiciera un viaje fuera del país. Entre las mujeres de la casa de Mozi y yo habíamos pactado desde hacía mucho tiempo que de alguna manera conseguiríamos el permiso de los hombres para ir solas al restaurante en Ciudad Grande antes de mi partida.

Obtuvimos el permiso, y allí estaba yo, esperando en el auto como siempre hasta que las damas estuvieran listas para partir. ¡Esa despedida sería memorable en especial debido a que permitieron que fueran Dini y Hilma! Fiel a su naturaleza, a último momento Dini rechazó nuestra excursión a un restaurante público con presencia masculina, en cambio, Hilma,

«Era impensable para ellos que el islam podría haber estado equivocado. La sola idea estremecía los cimientos de todo su mundo».

se vistió de rojo (¡aunque tuviera que cubrirse luego de negro de la cabeza a los pies!). Se veían normales por completo. En lo profundo de mi corazón, sabía que se habían liberado del *jinn*, pero nadie de la familia sabía cómo afrontar lo que significaba eso.

Como es natural, era impensable para ellos que el islam podría haber estado equivocado. La sola idea estremecía los cimientos de todo su mundo, de toda su existencia. Cada aspecto, tanto de su vida pública como privada, lo gobernaba el islam. Toda la sociedad se fundamentaba en él y su historia se gloriaba en él. La familia de Mozi, como cualquier otra familia del vecindario, siempre había vivido de acuerdo con los métodos prescritos por el islam, al igual que sus antepasados. Oraban en la posición que indicaban los musulmanes y a la hora en que se produce el llamado a la oración para los musulmanes. Comían lo que debía comer un musulmán y de la manera en que lo hace un musulmán. Se higienizaban como debe hacerlo un musulmán, se vestían con la ropa típica musulmana, celebraban como musulmanes y hacían luto como musulmanes. No obstante, si Jesús era el Señor... ¿entonces qué? ¿Cómo se higienizan los seguidores de Jesús? ¿Cuándo y cómo oran? Si un musulmán se vuelve seguidor de Jesús, ¿cómo debe ingerir su próxima comida? Siendo musulmán, cuántas complicaciones se suman para cumplir el simple mandamiento de Elías en el monte Carmelo: «Si el Dios verdadero es el Señor, deben seguirlo» (1 Reyes 18:21). Al parecer, la familia había decidido que la única manera de afrontar esto, por ahora, era la negación.

Cuando regresamos de la cena, era hora de despedirnos. Pasaría más de un año antes de que pudiéramos vernos de nuevo. Estuvimos las nueve un largo rato en la puerta recordando, conversando, abrazándonos y enjugando lágrimas. Hilma y Dini me llevaron aparte de aquel alboroto por un momento, tomaron mis manos entre las suyas y me atrajeron hacia ellas.

—Reema, cuando te vayas... ora por nosotras todos los días.

¿Por qué me pedían esto? ¿Sabían algo acerca de la oración en la casa de Amal? Mientras intentaba descubrir qué había pasado con ellas, les recordé por qué la oración del cristiano se considera *haraam*, una vergüenza y una ofensa contra Dios.

—Cuando oro, lo hago en el nombre de Jesús.

Ambas apretaron más fuerte mis manos.

—*Lo sabemos*. Ora por nosotras, todos los días.

En ese momento nos interrumpieron y tuve que despedirme y quedarme con muchas preguntas sin respuesta.

Pasado un tiempo, cuando ya estaba en los Estados Unidos, llamé a Mozi para saber cómo estaban las gemelas.

—¿Hola? —su voz se escuchaba como si estuviera en la habitación contigua.

—¡Hola, Mozi! Soy yo, Reema.

—¡Reema! —su alegría se transmitía a través de la línea telefónica—. ¡Jesús es bueno!

Aquel saludo me dejó helada.

—¿Quééé... dijiste?

Mi amiga árabe estaba que no cabía en sí del entusiasmo al contarme las buenas nuevas.

—Hilma y Dini pudieron volver a clases y terminar sus estudios. ¡Se graduarán! Dini incluso asistirá a la universidad. ¡Jesús es bueno!

Al final, ¡le había dado la gloria al Señor Jesucristo con sus propios labios! Le había otorgado el crédito por la liberación de sus dos hermanas que las habían mantenido bajo el poder de espíritus malos, un poder que nada del islam había sido capaz de vencer y liberarlas. Lo que Mike, Amal y yo habíamos creído por fe se confirmaba ahora por el testimonio de Mozi.

U nos tres años más tarde, Dios nos ofreció un atisbo de su obra en el seno de la familia de Mozi. Lo hizo a través de una reveladora conversación con Jamila, la madre de Hamdan, que también crió a las nietas Hilma y Dini como suyas. Aun cuando nada había sucedido en la superficie, las cosas comenzaban a cobrar sentido para Jamila. Tenía una auténtica «lista incontable» de experiencias y todas testificaban en favor del Señor Jesucristo: La Verdad que había escuchado durante conversaciones espirituales con sus dos amigas cristianas; los esfuerzos fallidos de los *mutawwas* para expulsar el *jinn* de sus nietas y su consiguiente liberación en el nombre de Jesús; el aparente fracaso de la SIA y el asombroso cambio en Hamdan.

En un barrio lleno de familias muy numerosas que hacen todo en comunidad, era muy raro poder mantener una conversación con alguien a solas. Ese día, Jamila y yo hablamos en privado por segunda vez en nuestra vida. La primera vez fue el breve intercambio de palabras la noche de la escena montada por la SIA. ¡Qué atmósfera tan diferente se respiraba ahora en la habitación!

Todos estábamos muy conmovidos y llenos de tristeza ante la reciente y trágica muerte de Hilma a sus veintiún años. Fue durante el clima lúgubre y reflexivo de las semanas que siguieron al funeral que Jamila había comenzado a escuchar la Biblia dramatizada en casetes. Esto, como tantas otras cosas, sucedió de manera inesperada. Frustrada porque la reproducción de casetes de audio del Corán las veinticuatro horas del día no trajo sanidad a Hilma, ella recurrió a mí diciendo: «¿Y tu Libro? ¿Tienes una Biblia en casetes? Este Corán no está haciendo nada por nosotros. Quiero escuchar tu Libro». La manera en que Dios había tocado a su familia y ahora las palabras de su Libro la estaban convenciendo. Al conversar ahora, las meditaciones que habían quedado en la profundidad de su corazón comenzaron a surgir como burbujas que asomaban de manera amable, pero sorpresiva, dentro de la conversación.

«Este Corán no está haciendo nada por nosotros. Quiero escuchar tu Libro».

✛

—No puedo ser como tú.

¡Paf! ¿De dónde salió eso?

Perpleja, mi respuesta automática fue reírme.

—¿Y por qué querrías ser como yo? Ni yo quiero ser como soy.

Cuando ella no rió ni tampoco alzó la mirada, me di cuenta de lo que intentaba decirme. No podía ser cristiana como yo.

—Tengo que usar *serwals*—siguió diciendo.

Los *serwals* son la ropa interior con un cordón que se ajusta a la cintura y baja hasta cubrir los tobillos. En el tobillo se ajusta bien fuerte para que la prenda no se suba y asegurar así que la musulmana no vea comprometida su modestia.

«Nuestra familia había tratado de vivir la vida cristiana dentro de los límites de la cultura oriental».

Me acerqué a Jamila y bajé la voz para no atraer la atención de cualquiera que pudiera cruzar la puerta. Entonces le recordé con amabilidad:

—Yo también uso *serwals*.

Desde el día en que nos mudamos a nuestro hogar en Pueblo Chico, nuestra familia había tratado de vivir la vida cristiana dentro de los límites de la cultura oriental de nuestros vecinos, y eso había incluido mi uso de la vestimenta local. Deseábamos ser un ejemplo de cómo podían seguir a Jesús en su mundo. (Aunque teníamos una buena dosis de equivocaciones culturales, a todos les complacía tanto que tratáramos de adaptarnos, que enseguida nos perdonaban y nos aclaraban las cosas). Al principio, la mayoría de nuestros vecinos creía por error que todos los occidentales eran «cristianos» de manera automática. Puesto que los musulmanes se identificaban en gran medida por ciertos códigos de vestir, a menudo daban por sentado que debían vestirse como occidentales cuando se convertían en creyentes. Menos mal que cuando nos llegaban a conocer, muchos de nuestros vecinos lograban comprender la diferencia entre ser «de occidente» y ser un «seguidor de Cristo». A pesar de todo eso, la idea de separar la cultura étnica de la práctica religiosa a Jamila le seguía pareciendo un obstáculo insuperable. Su religión había construido su cultura. ¿Cómo podía ser árabe sin ser musulmana? Necesitaba considerarlo bien.

—Tengo que usar la *shayla* —siguió enumerando mi anciana amiga. Era el velo que con gracia acomodaba en torno a su cabeza y sus delgados hombros.

De algún modo, la manera en que las árabes lo lucen realza en realidad su belleza natural, aunque tenga la intención de ocultarla. Jamás vi a una extranjera que se viera tan bella con una *shayla* como se ven ellas.

—Yo también uso la *shayla* —mi corazón y mi voz estaban inundados de comprensión ante la lucha que ella enfrentaba—. Jamila, Dios no es de occidente. Él hizo todo el mundo: oriente, occidente, norte y sur. Y cuando Jesús caminó en este mundo, Él usó la misma clase de vestimenta que tu esposo usa en la actualidad. Él vivió toda su vida en el Oriente Medio, como tú.

Quizá eso la satisfizo porque abandonó el tema de la vestimenta para volverse a las tradiciones.

—Cuando mi esposo muere, debo sentarme en un rincón.

Jamila hacía referencia al período de duelo de una viuda que debe permanecer dentro de la casa cuatro meses y diez días para demostrar respeto y dolor por la partida del esposo, pero en ese momento supe que se refería a todas las costumbres de su gente.

—Querida Jamila, no debes dejar de ser árabe por creer en Jesús. El Dios de los cielos es el Dios de todos los seres humanos, de cada país y cultura que hay sobre la tierra.

»Lo que quiero decir es, por ejemplo... fíjate en los pájaros. ¿Cuántos tipos de aves hizo Dios? ¿Una sola? No, hizo cientos de tipos de aves. Algunas cantan con dulzura, otras graznan y otras ni siquiera pueden volar. Sin embargo, Dios dijo que cada una de ellas es algo bueno y todas le dan la gloria a Él a su manera. Lo mismo sucede con todo lo que creó Dios, incluso el hombre. Muchas costumbres árabes son buenas. Lo que tienes que hacer es creer con todo tu corazón que Jesús es el camino hacia Dios. Él te creó así y te enseñará a seguir a Jesús en tu propio país, en tu propia cultura y en tu propia familia. Te ama tal como eres y puedes confiar en Él.

En ese momento, se interrumpió nuestra conversación. Se produjo una discusión acerca de algo que sucedió en la cocina y llamaron a Jamila para que resolviera la escaramuza en sus dominios. Como la madre más anciana de la casa, su palabra prevalecía.

Tan de repente como surgió, las meditaciones del corazón de Jamila volvieron a retraerse a un lugar secreto y todo volvió a la calma. Al menos en la superficie. No obstante, tal como acababa de revelar, las aguas tranquilas corren en lo profundo.

✝

CAPÍTULO VII

✦

SUEÑOS
Y VISIONES

ENTONCES PEDRO, CON LOS ONCE,
SE PUSO DE PIE Y DIJO A VOZ EN
CUELLO: «COMPATRIOTAS JUDÍOS
Y TODOS USTEDES QUE ESTÁN EN
JERUSALÉN, DÉJENME EXPLICARLES
LO QUE SUCEDE; PRESTEN ATENCIÓN
A LO QUE LES VOY A DECIR. ESTOS NO
ESTÁN BORRACHOS, COMO SUPONEN
USTEDES. ¡APENAS SON LAS NUEVE
DE LA MAÑANA! EN REALIDAD
LO QUE PASA ES LO QUE ANUNCIÓ
EL PROFETA JOEL:
»"SUCEDERÁ QUE EN LOS ÚLTIMOS
DÍAS —DICE DIOS—, DERRAMARÉ MI
ESPÍRITU SOBRE TODO EL GÉNERO
HUMANO. LOS HIJOS Y LAS HIJAS DE
USTEDES PROFETIZARÁN, TENDRÁN
VISIONES LOS JÓVENES Y SUEÑOS
LOS ANCIANOS [...]
Y TODO EL QUE INVOQUE
EL NOMBRE DEL SEÑOR SERÁ SALVO"».

HECHOS 2:14-17, 21

SUEÑOS Y VISIONES

✛

Faisal y su esposa, Shareen, eran musulmanes devotos que respetaban todos los rituales del islam al pie de la letra. Además de las oraciones de rigor, las abluciones, dar limosnas y ayunar, habían ayudado a construir mezquitas y a cavar pozos para los pobres con la esperanza de ganarse el favor a los ojos de Alá. Cada año, durante el mes de Ramadán, Shareen se mantiene despierta tres días y tres noches para orar. Se dice que, cuando se abre la «ventana de los cielos», Alá concederá cualquier cosa por la que se esté orando. El problema es que existen muchas tradiciones distintas que especifican con exactitud cuándo se abre la ventana. El conjunto de creencias particulares de Shareen limita las posibilidades a un período muy específico de tres días. Mantenerse despierta y en oración continua durante tanto tiempo es una tarea difícil en extremo, pero la motiva la esperanza de asegurarse una respuesta a sus oraciones. Esto se debe a que, a pesar de todos sus fervientes y sinceros esfuerzos por agradar a Dios, Faisal y Shareen no sienten paz, ni seguridad, ni certeza acerca de nada en esta vida. Tampoco de la siguiente. El Corán no brinda promesas consoladoras en las que pueda descansar su fe.

¿Alguna vez ha escuchado Shareen el evangelio? Sí, en varias oportunidades. Cada vez es como si una barrera invisible se alzara de pronto entre nosotras y evitara que captara mis palabras. Se inclina hacia delante con fervor haciendo un gran esfuerzo por comprender. «Cuéntame otra vez. Cuéntame otra vez». Sin embargo, es incapaz de comprender el regalo de la vida eterna por medio de Jesucristo. El amoroso Dios Padre de la Biblia es un concepto que le resulta muy extraño, habiendo tenido que apaciguar al distante e impersonal dios del islam toda su vida.

«El amoroso Dios Padre de la Biblia es un concepto que le resulta muy extraño, habiendo tenido que apaciguar al distante e impersonal dios del islam toda su vida».

✝

Cuando a Faisal le diagnosticaron cáncer, los efectos en toda su familia resultaron devastadores. Su enfermedad fue prolongada y terminó con la muerte, dejando a su viuda con cinco de sus seis hijos en edad escolar. Shareen no tenía parientes vivos de los cuales depender, solo su madre anciana que dependía de ella. Los parientes de Faisal habían decidido que una vez que él falleciera, no se harían responsables de ninguna clase de sostén económico ni material. Si consideramos las posibilidades de empleo en esta sociedad para una mujer sin formación académica, el futuro de su familia era bastante sombrío.

Shareen siempre se había enorgullecido de lo buen esposo y padre que era Faisal. De seguro le echaría muchísimo de menos. Una noche, muy cerca del desenlace fatal de la vida de Faisal, fui a visitarla a fin de acompañarla en su dolor. Aunque no quería molestarla y que tuviera que atenderme sirviendo un refrigerio por mi visita, las costumbres se imponían. Los invitados se deben honrar con bandejas repletas de más comida y bebida de la que podrían llegar a consumir. No hacerlo podría considerarse un insulto para el invitado o una gran vergüenza para el anfitrión. Sin embargo, la bandeja que Shareen dispuso ante mí contenía un solo plato salpicado con algunos dátiles mustios y una cafetera casi vacía. Me di cuenta de que era todo lo que tenía para ofrecer. Por supuesto, no quería quitarle el último bocado a mi querida amiga, pero rehusar su humilde manifestación de hospitalidad habría sido peor todavía. Acepté un dátil y lo comí con lentitud.

Permanecimos sentadas en silencio, muy conscientes de la vida que poco a poco se le escapaba en la habitación contigua. La tristeza y el miedo que habían crecido en su alma a medida que se deterioraba la condición de su esposo, surgieron en un angustioso lamento.

—¡Ay, qué voy a hacer! ¿Qué voy a hacer por mí misma, mis hijos y mi anciana madre?

Entonces, comenzó a enumerar la lista de todos los parientes que se habían comprometido a estar cerca para apoyar a su familia en medio de estas terribles circunstancias y que, en realidad, habían hecho lo opuesto. Desesperada, gemía diciendo:

—Ah, ¿quién cuidará de nosotros...?

Era una situación espantosa, pero había una esperanza, aunque mi amiga no podía verla.

—Shareen, ninguna de estas personas puede ocuparse de ti ni de tu familia para siempre. Aunque quisieran, no son ricos y tienen a sus propios hijos y parientes ancianos de quienes ocuparse. Solo Dios puede cuidar de ti y de las necesidades de tu familia todos los días por el resto de tu vida. Él te creó y se preocupa por ti. Ora y pídele su ayuda.

—Yo hago oración. Soy una buena musulmana que ora cinco veces al día.

Sin embargo, la expresión de su rostro parecía cuestionar: *¿Qué tiene que ver orar a Dios con la vida cotidiana y poder alimentar a tus hijos?*

—Querida amiga, eres una buena musulmana. Y es bueno que ores —le dije. Esas palabras tenían la intención de tranquilizarla. Es bueno orar, pero Shareen todavía necesitaba conocer al único y verdadero Dios que responde las oraciones—. ¿Por qué oras con exactitud?

—Bueno, después de las oraciones rituales, le pido a Dios que nos bendiga y nos dé cosas buenas.

—¿Y qué cosas buenas ha hecho Él por ti?

Podía imaginar sus pensamientos: *Mi esposo está muriendo en la habitación contigua, ¿y tú me preguntas de qué manera Dios me ha bendecido?* Sin embargo, me conocía lo suficiente como para reflexionar en la pregunta. De alguna parte, en medio de la oscuridad que se cernía sobre Shareen, surgió una luz.

—El vecino de aquí al lado —hizo un gesto en dirección a una casa cercana—, nos ha enviado una bandeja de arroz cocido todos los días a la hora del almuerzo.

—¡Eso es fantástico!

Me emocioné al enterarme de esta evidencia de la gracia de Dios en su vida. Ella continuó pensando.

—Y un hombre que vino a visitar a Faisal en su lecho de enfermo nos regaló dinero...

Cuanto más pensaba, más recordaba haber recibido regalos de dinero o en especie por parte de muchas personas, así como amigos que manifestaron verdadera tristeza por su pérdida y compasión hacia su familia. Parecía ser que Dios en verdad estaba teniendo cuidado de ella.

—¡Maravilloso! ¿Puedes verlo, Shareen? Dios ya está respondiendo tus oraciones. Mientras el planeta gira en el espacio y los líderes de las naciones se ocupan de sus guerras y todo lo demás, Dios te ve, aquí mismo, en tu casa. Él sabe quién eres, te escucha y responde tus oraciones. Ha demostrado que se preocupa por ti bendiciéndote y dándote buenas cosas, tal como se lo has pedido.

Shareen sonrió por primera vez en semanas. ¿Podría ser que esta doctrina cristiana fuera buena? ¿Podría ser cierto que el Dios del universo en verdad se ocupa en persona de cada individuo?

Cuando llegué esa noche a casa, le conté todo a Mike. Ambos estuvimos de acuerdo en que no podíamos considerarnos amigos de Shareen y Faisal si no hacíamos algo para ayudarlos. Mike me dio algo del dinero que teníamos para comida y me indicó que les comprara lo que necesitaran. El plan era ir al mercado muy temprano para poder dejar la mercancía con discreción dentro de sus muros antes de que se levantaran. Sería mejor que nadie se enterara de dónde provenía la donación.

> «Shareen sonrió por primera vez en semanas. ¿Podría ser que esta doctrina cristiana fuera buena? ¿Podría ser cierto que el Dios del universo en verdad se ocupa en persona de cada individuo?».
>
> ✛

A la mañana siguiente, compré los artículos y los llevé a la casa de Shareen. Mi corazón estallaba de gozo al apilar paquetes de arroz y harina, así como otros alimentos y artículos para el hogar. De repente se abrió la puerta y salió uno de los hijos de Shareen arrastrando un colchón muy usado. Ambos nos sorprendimos a la vez.

—Mami, ¡Reema está aquí! —gritó por encima de su hombro.

Shareen salió al patio y echó una mirada a los artículos amontonados. De inmediato, se llevó las manos a la cara y abrió la boca asombrada. Luego, comenzó a agitar los brazos en el aire mientras gritaba algo que no comprendía. Me sentí un poquito incómoda por toda esa conmoción, desconociendo la verdadera razón de la frenética manifestación de alegría de mi amiga.

Radiante por el asombro, me explicó:

—Esta mañana temprano, mientras dormía, tuve un sueño. Fue tan real que creí estar despierta. En el sueño, guardaba paquetes de alimentos en los vacíos estantes de mi cocina. ¡Estaba tan feliz! Sin embargo, al despertar, me di cuenta de que fue solo un sueño y que seguíamos sin nada, así que me puse a llorar. Ahí fue cuando recordé lo que estuvimos hablando la otra noche. Entonces, oré a Dios y le pedí que nos diera alimentos para nuestros estantes de la cocina. Como en el sueño. Justo cuando terminé de orar, escuché que mi hijo me llamaba desde el patio. Y al salir... ¡aquí estabas tú con todos estos paquetes!

Al momento, me sentí embargada del más profundo gozo, igual que Shareen y ambas permanecimos allí afuera en el patio proclamando juntas alabanzas a Dios. Resultaba evidente para las dos que no podría haber sabido que ella tuvo ese sueño en particular ni que había hecho esa oración justo ese día. En cambio, «Dios es quien produce en ustedes tanto el querer como el hacer para que se cumpla su buena voluntad» (Filipenses 2:13) porque «nosotros somos colaboradores al servicio de Dios» (1 Corintios 3:9). Nos regocijamos juntas y supimos que Dios se estaba revelando de manera personal a Shareen y su familia.

Un día, Mike necesitaba una llave y se fue a ver al encargado del edificio. Ibrahiim era un veinteañero muy simpático. Cuando los niños de la vecindad salían a la calle a jugar, dejaba de trabajar para sentarse a cuidarlos. Al menos, considerábamos que dejaba de trabajar. Una vez a la semana, limpiaba la escalera interior del edificio parándose en el último escalón con una manguera en la mano y haciendo que el agua bajara los tres pisos con la expectativa de que se llevara consigo los desechos acumulados. Aparte de eso, no sabíamos en realidad qué hacía para ganarse el sueldo. De todas maneras, por lo que veíamos desde el balcón hacia la calle, llegamos a apreciar la manera en que Ibrahiim trataba a los niños. Era rápido para interrumpir cualquier pelea, para advertirles si se aproximaba un automóvil o para tomar cartas en el asunto si el juego se salía de las manos.

Otra cosa que nos gustaba de Ibrahiim era la manera en que se ocupaba de su madre viuda, Umm Ibrahiim. Compartían un pequeño cuarto en el sótano, que había costeado con parte de su salario y del cual estaba muy agradecido. La vida había sido muy dura con ellos y los sufrimientos en común hicieron que se aferraran mucho más el uno al otro. Si Umm Ibrahiim escuchaba que su hijo trataba de conversar de manera inapropiada con Mike sobre mujeres, alcohol u otro tema, lo reprendía con amor frente a nosotros. Con el pleno apoyo de los consejos paternales de Mike contra tales conductas, metía la cuchara: «¡Dígaselo, Sr. Mike! Dígale a mi hijo que no es la manera en que deben hablar los buenos hombres. Ha estado escuchando a esos jóvenes y sus tonterías. Si su padre viviera, se lo diría. ¡Dígaselo, Sr. Mike!».

Y Mike lo hacía. A Ibrahiim parecía gustarle. Aunque las exhortaciones morales eran bien recibidas, ni Ibrahiim ni su madre manifestaban algún tipo de interés en las cuestiones espirituales. En cuanto a nosotros, apenas si los mencionábamos en nuestras oraciones, aunque sí intercedíamos mucho en favor de otros que conocíamos, de esos a los que les testificábamos el evangelio. Después de todo, según creíamos, ¿no debíamos enfocar nuestras oraciones e invertir nuestros esfuerzos donde pudiéramos ver con claridad la obra de Dios? Parecía que Dios no estaba haciendo nada en la vida de nuestro encargado del edificio o su madre. Eso pensamos hasta el día en que Mike fue a pedir una llave prestada.

—Aquí la tienes —dijo Ibrahiim y colocó la llave en la mano de Mike—. Devuélvemela después.

—Por supuesto. Gracias.

—¿Te gustaría pasar a tomar una taza de té?

A decir verdad, ¿quién se relaciona con alguien o hace algo en Arabia sin compartir, al menos, una taza de té?

—Claro, gracias.

Mike entró a su casa y se puso cómodo. Ibrahiim le alcanzó a su invitado una taza de humeante té, se sentó y con calma le anunció:

—Tuve un sueño.

Esa declaración, en sí misma, no parecía ser gran cosa. Sin siquiera sospechar la dirección que habría de tomar la conversación, Mike formuló la pregunta esperada:

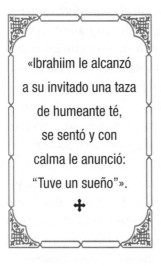

«Ibrahiim le alcanzó a su invitado una taza de humeante té, se sentó y con calma le anunció: "Tuve un sueño"».

✣

—¿Qué soñaste?

—Bueno, una noche estaba en mi cama —comenzó a relatar el joven—. Estaba profundamente dormido, pero escuché que alguien me llamaba por mi nombre. *Ibrahiim. Ibrahiim.* Así que me senté y miré, y allí a los pies de mi cama estaba este... este hombre. Sin embargo, su apariencia era algo que jamás había visto antes. No se apoyaba en el piso, sino que estaba por encima de él. Vestía ropas brillantes de asombrosa blancura, con una banda de oro alrededor de su cintura y a través del pecho. Su cabello y su barba resplandecían como oro blanco. Y había una luz... que salía de su rostro...

Mike estaba fascinado. Olvidando el té, estaba al tanto de cada palabra mientras Ibrahiim continuaba su relato.

—Luego, me extendió su mano.

En la cultura árabe, una persona de mayor rango o posición permite que quienes desean honrarle o mostrarle respeto lo besen en el dorso de la mano, la frente o el hombro.

—Me levanté para besarlo, pero se hizo hacia atrás y dijo: "Ora a tu Dios". Después, desapareció.

La mente de Mike corría a toda velocidad, pero por fuera mantenía la calma.

—¿Entonces oraste a tu Dios?

—No —su respuesta sonó como una confesión de culpa—. No pude hacerlo. Lo he intentado varias veces, pero algo en mi interior me impide hacerlo.

—¿Quién fue el que se te apareció?

—Mahoma —fue la respuesta inmediata de Ibrahiim, aunque Mike tuvo la sensación de que no estaba del todo convencido.

—¿Y cómo sabes que fue Mahoma?

—Le conté el sueño a un *mutawwa* y me dijo que fue Mahoma. Esto sucedió hace seis años. Eres la primera persona a la que se lo cuento desde entonces.

¡Seis años! ¿Había estado esperando saber quién se le había aparecido en realidad durante seis años? Agradecido que Ibrahiim no se sintiera cómodo orando al dios que le indicó el *mutawwa*, Mike le pidió permiso para ausentarse un minuto y subir a nuestro apartamento. Tomó una Biblia del estante, regresó al hogar de Ibrahiim en el sótano y la abrió en el capítulo 1 de Apocalipsis. Señalando los versículos 12 al 18 en el texto árabe, le pidió a Ibrahiim que leyera.

Mientras el joven leía el pasaje, abría los ojos como platos. Miró a Mike unos instantes y volvió a leer el pasaje. A la tercera vez, su rostro estaba muy serio y se veía pálido. Sostuvo la Biblia con una mano y señaló la página con un dedo tembloroso.

—¿Quién escribió esto? ¿Qué libro es este? ¡*Este* es a quien yo vi!

—Ibrahiim, Mahoma está muerto. Tú viste al Señor Jesucristo.

Era asombroso, pero Ibrahiim jamás había escuchado sobre la Biblia. Solo después de bastante persuasión de Mike, pareció recordar que el Corán decía algo acerca de otro libro. No importaba. Quería tenerlo. Quería devorar este libro que de manera tan vívida describía a Aquel a quien vio. Mike le dio la Biblia y, durante los cuatro días siguientes, Ibrahiim no durmió. Se dedicó a leer y a pensar, leer y pensar, todo el día y toda la noche. Terminó el Nuevo Testamento completo en una semana. Después de eso entendió quién era en realidad Jesús, el Mesías, y lo que debía hacer. Ahora evaluaba el costo.

Sin duda, Ibrahiim desconocía por completo que muchísimos musulmanes de todo el mundo habían enfrentado en algún momento la decisión que él enfrentaba ahora y habían abandonado el islam para seguir a Cristo. Puesto que se había criado en un país musulmán, su exposición a las noticias del mundo excluían tales chismes «contrarios al islam». Como es natural, había aceptado estas cuestiones que eran «cosa sabida» dentro de su cultura, tal como lo hacemos nosotros en la nuestra. En este caso, se incluía el «hecho» de que ningún musulmán en la historia se había convertido jamás a otra religión. Creía que era el único en enfrentar esta lucha y que estaba muy solo... el primer musulmán en negar su religión.

«Ibrahiim creía que era el único en enfrentar esta lucha y que estaba muy solo... el primer musulmán en negar su religión».

Aunque no era cierto, tal creencia solo sumaba mayor carga a la ya enorme decisión que tenía ante sí. Para él era una decisión entre Jesús y, literalmente, todo su mundo.

La empatía de sus vecinos estadounidenses poco servía para ayudar a Ibrahiim. Dando por sentado que Mike y yo desconocíamos la gravedad de su situación, un día me confió: «Sra. Mike, usted no sabe lo que significa. No sabe lo que significa si creo lo que dice la Biblia acerca de Jesús. Soy musulmán. Los musulmanes no podemos convertirnos en cristianos. Si tomo esa decisión, esto me significará la vida. Me quitarán la vida».

Por supuesto, era cierto que nuestro amigo tenía todas las razones del mundo para temer. Cuando intenté animarlo con relatos de otros musulmanes que habían aceptado al Señor, parecía creer que solo eran habladurías infundadas. Por cuestiones de seguridad, me veía incapacitada para darle nombres o presentarle a un convertido, por lo que mis palabras parecían ser vacías. ¡Cuánto deseaba que un creyente con trasfondo musulmán se acercara a nuestro joven amigo y lo alentara con su propio testimonio de salvación! Sin embargo, nadie lo hizo. Era comprensible que el «consuelo» de un extranjero nacido en libertad no aportara ningún consuelo. En su lucha, Ibrahiim estaba solo por completo, aunque sin necesidad.

Una mañana, mientras Mike llevaba a los niños a la escuela, sonó el intercomunicador. Habían pasado ya diez días desde que Ibrahiim contara su sueño y comenzara a leer la Biblia. Su voz se escuchaba entrecortada a través de los antiguos cables que nos conectaban. «Sra. Mike, cuando regrese el Sr. Mike, ¿podría pedirle que venga a verme? Estoy listo para orar».

¡Aleluya!

Ese día se vio el tan esperado cumplimiento de un mandamiento celestial. Ibrahiim «oró a su Dios». Fiel a las formas árabes, se bañó y se puso ropa limpia, además de colonia, por respeto a la ocasión. Miró a Mike a los ojos y le instruyó: «Di algunas palabras a la vez. Repetiré después de ti. Y asegúrate de mencionar la parte sobre el perdón de los pecados».

Un minuto más tarde, Ibrahiim se convertía en un hijo de Dios a través de la fe en el Señor Jesucristo.

Estaba radiante. La gloria que llenaba su corazón recién limpiado se irradiaba hacia su rostro. No resistí la tentación de preguntarle cómo se sentía. Mostrando una gran sonrisa, brillando en él la nueva vida y la libertad, dijo: «¡Desapareció el temor! Ya no tengo miedo. Si me matan», y señaló hacia arriba, «¡sé al lugar que voy!».

Lo siguiente que quiso hacer fue mostrarle a su madre una Biblia con imágenes. También necesitaba encontrarse con el glorioso Salvador que ahora conocía él.

✳

Hasta hace poco, la mayoría de los musulmanes que se convertían al cristianismo lo hacían en parte debido a un sueño o una visión. Si bien no podemos hablar por otros, Mike y yo podemos afirmar que nuestro primer convertido, primer bautizado y primer discípulo, los tres hombres, recibieron la influencia de un sueño o una visión que tuvieron. Es interesante que la misma visión que Ibrahiim relatara antes también la hayan descrito otros musulmanes. Sin embargo, no son los únicos que tienen sueños y visiones. En una gran conferencia de ministerio entre musulmanes, celebrada en los Estados Unidos, en cinco oportunidades durante los descansos, varias mujeres se me acercaron para contarme que habían sentido la urgencia de orar de manera específica por el mundo árabe musulmán. Cada una había tenido una experiencia inusual durante su tiempo de oración.

> «Hasta hace poco, la mayoría de los musulmanes que se convertían al cristianismo lo hacían en parte debido a un sueño o una visión».
>
> ✤

Cynthia, una creyente desde su niñez, creció en

la iglesia y estaba muy integrada en el ministerio de su congregación local. Además, enseñaba en casa a sus cinco hijos. Con tanta carga sobre sus hombros, era extraño que tuviera energías para orar por personas tan distantes de su realidad. No obstante, ¡lo había estado haciendo durante tres años! Emocionadísima, me contó que durante una de sus oraciones había «visto» algo. Era una visión del planeta que giraba con lentitud sobre su eje. Su visión se iba acercando hasta enfocar una región en especial, la Península Arábiga. Luego, un determinado país... y después, una ciudad específica, y entonces... *¡CRAC!* El mapa se abrió y una luz surgió a través de esa grieta. Sintió que Dios le estaba mostrando un despertar espiritual en la tierra por la que estaba intercediendo. Lo más sorprendente de todo es que otras dos mujeres de la conferencia relataron experiencias similares.

Durante uno de los almuerzos, me senté junto a Phyllis, una extraordinaria creyente y ardiente gue-rrera de oración. Estaba contándoles a los de la mesa una extraña experiencia que acababa de tener. Mien-tras oraba por los ministerios étnicos que su iglesia de los barrios bajos estaba llevando adelante, el Es-píritu Santo pareció interrumpirla diciéndole: *Ora por Almakaan.* Su primer pensamiento fue: *¿Qué o quién es Almakaan?* Aunque no sabía lo que era, en obediencia oró. Más tarde, su pastor le dio los bole-tos para asistir a esa conferencia en la que estábamos. Pensó que habría una relación en todo eso, por lo que iba a cada uno y le preguntaba: «¿Conoces *Al-makaan* o *Al Makaan* o *Alma Kaan*?».

En ese momento, habiendo quedado paralizada desde el inicio de la historia, me esforcé por articular unas palabras.

—Yo sé lo que es *Almakaan*.

Los ojos de Phyllis se volvieron hacia mí.

—¿Lo *sabes*? ¿Qué es?

—*Almakaan* [El Lugar] es una ciudad. Está localizada en el país árabe musulmán donde vivo y tres mujeres en esta conferencia me acaban de decir que habían tenido una visión de que habría un gran despertar espiritual allí.

Si Dios impulsa a su pueblo para que ore de manera específica por su obra, de seguro se debe a que Él está obrando. ¡Está dando respuesta a esas oraciones!

✛

HACE FALTA
UN CUERPO

**AHORA BIEN, USTEDES SON
EL CUERPO DE CRISTO,
Y CADA UNO ES MIEMBRO
DE ESE CUERPO.**

1 CORINTIOS 12:27

HACE FALTA
UN CUERPO

✣

llá por la época en que vivíamos en el apartamento, hubo ocasiones en las que Mike debió realizar viajes ministeriales fuera del país, dejándonos solos a los niños y a mí. Estas fugaces separaciones formaban parte de nuestra vida y ninguno de los dos le prestaba demasiada atención al asunto. Sin embargo, esta vez fueron dos de las semanas más largas de mi existencia.

Durante el día, la vida transcurría normal, pero todas las noches había dificultades. Mis dos hijos tenían un gran problema con un «sentimiento de terror» en su habitación por más que compartieran el cuarto y los separaran menos de dos metros. Todas las noches, a Lydia, de dos años, le daba fiebre alta repentina y otros síntomas alarmantes de enfermedad que desaparecían por la mañana. Una vez que la llevé a mi cama para vigilarla, parecía alucinar, como si viera algo en el aire que quisiera alcanzar con sus manitos. Luego se bajó de la cama, se acostó en el piso y comenzó a girar en círculos impulsándose con las piernas. Sucedieron otras cosas extrañas y nuestro hogar comenzó a percibirse como un sitio oscuro.

Al hablar con Mike por teléfono, intenté explicarle lo que estábamos viviendo y él oró por nosotros. Yo oré por nosotros. Mis hijos oraron por nosotros. Oramos los unos por los otros. ¿Ya dije que oramos?

Sin embargo, nada cambiaba. Pensaba que si esta opresión espiritual no terminaba, me volvería loca. ¿No era Dios acaso más fuerte que Satanás? ¡Por supuesto que sí! ¿Por qué no respondía Él a nuestras oraciones?

> «Cuando nos sentimos agotados en los momentos de dificultad, ¡eso hace que recordemos de nuevo que necesitamos al cuerpo de Cristo!».
>
> ✣

Habíamos tenido razones para hacer esta clase de preguntas muchas veces en el pasado también y habíamos descubierto al menos una de las respuestas. Parecía ser la manera de Dios para recordarnos lo dependiente que éramos de otros cristianos. Ya sabes a qué me refiero. Dios usa los dones, las capacidades, la personalidad, la experiencia de vida, el trasfondo o la capacitación de alguien para beneficiarte en alguna oportunidad y Él usa tus capacidades para beneficiar a otros también. Dios diseñó esto de manera intencional para que cada uno necesitara lo que tienen para ofrecer otros. Cuando nos sentimos agotados en los momentos de dificultad, ¡eso hace que recordemos de nuevo que necesitamos al cuerpo de Cristo!

Conocíamos varios creyentes extranjeros, pero me sentía muy sola. Los pocos cristianos a los que podía contarles nuestros problemas me miraban de manera extraña, sin saber qué hacer ante cosas así. Tuve la impresión de que al contarles mi necesidad, cuestionaban mi espiritualidad y no estaba para andarme defendiendo. Necesitaba a alguien que me dijera qué hacer, que viniera y lo hiciera... Sin embargo, ¿quién?

Una tarde en que se aproximaba la hora del «llamado a la oración» vespertino de las mezquitas locales, sonó el timbre de nuestro apartamento. Al abrir la puerta, me quedé petrificada al ver a tres alegres damas estadounidenses de mediana edad que me sonreían con amabilidad. Vestían sus galas domingueras, de brillantes colores y accesorios haciendo juego. El cabello peinado a la perfección y el atractivo maquillaje enmarcaba el reflejo radiante de sus rostros luminosos. Qué marcado contraste se establecía contra el sombrío telón de fondo amarronado de nuestro pueblo, donde todo estaba cubierto de una notoria capa de polvo del desierto y unas figuras sin color, sin rostro, que vestidas de negro inundaban las calles.

Incapaz de dar crédito a mis ojos, me quebraba la cabeza. ¿Quiénes podrían ser? ¿Y cómo nos hallaron? ¡Ni siquiera teníamos aquí una dirección postal en nuestro laberinto de calles sin nombres ni números! Me preguntaba si no serían ángeles.

Se quedaron observándome unos instantes. Una de las mujeres me miró con ojos compasivos y su voz amable quebró mi asombroso silencio.

«¿Estás bien?».

De inmediato, se produjo una conexión entre nosotras cuatro. ¡Eran creyentes! Al decirles que no estaba bien, les expliqué nuestra difícil situación. Resultó ser que acababan de llegar de los Estados Unidos y buscaban a una amiga, una estudiante que hacía poco se había mudado al piso superior. Sin querer, habían golpeado a la puerta equivocada. Dándose cuenta de que la equivocación era la manera intencional de Dios de traerlas para auxiliar a mi familia, pusieron manos a la obra. Creo que el Espíritu Santo guiaba a estas mujeres que iban orando de habitación en habitación. Proclamaron las Escrituras, rechazaron el mal y pidieron la bendición en el nombre de Jesús. Cuando se marcharon, yo seguía derramando lágrimas de gratitud y alivio.

Con eso, se acabaron los problemas nocturnos. Dios proveyó con fidelidad para nuestra familia aun cuando nos sentíamos aislados e indefensos. Por medio de otros creyentes, Él nos revivió y trajo un refrigerio y de nuevo la luz a nuestro hogar. Estamos seguros de que nuestro Padre celestial escoltó a estas hermanas desde sus hogares en los Estados Unidos hasta nuestra puerta, a fin de interceder de manera específica en nuestro favor. Sin duda, nos bendijeron, pero ellas también se sintieron benditas al ser la respuesta a nuestras oraciones. Tanto el dador como el receptor fueron edificados y Dios recibió toda la gloria. ¡Qué increíble sensación de conexión y unidad en que, sin conocernos siquiera, podemos estar el uno para el otro guiados por el Padre que tenemos en común!

Incidentes como este en los que Dios de manera deliberada decide obrar en una forma al parecer inverosímil, y por medio de fuentes externas, hace que nos acordemos que nuestra fe cristiana se basa en una realidad sólida. A mi familia y a mí nos emociona ver que las verdades espirituales por las que andamos en fe se manifiestan aquí en nuestra vida terrenal. ¿No te sucede lo mismo? ¡Creo que Dios se deleita en hacerlo también! Qué bendición es para cada uno de nosotros ser parte de su iglesia. No somos simples individuos aislados con una etiqueta

> «A mi familia y a mí nos emociona ver que las verdades espirituales por las que andamos en fe se manifiestan aquí en nuestra vida terrenal».

✝

religiosa en común; somos en verdad hijos de Dios. Formamos parte de un Reino tan real y tan grande que no solo es internacional, global o universal; ¡es eterno! ¡*Gracias a Dios* por el cuerpo de Cristo!

Era un día de mucho ajetreo en el *majlis* público de la sheikha. Muchas personas ocupaban los asientos aguardando el privilegio de saludar a esta mujer perteneciente a la familia más poderosa de Pueblo Grande. Una funcionaria arreglada a la perfección y vestida de manera impecable supervisaba la hospitalidad mientras los sirvientes entraban y salían con bandejas de refrigerio. Yo recordaba a esta funcionaria de anteriores visitas debido a su porte tranquilo, pero autoritario, la calma y confiada mirada que parecía tener y sus calcetines blancos. Por alguna razón, noté que siempre llevaba calcetines blancos.

El ir y venir dentro de la habitación era bastante intenso y ella se adelantó para tomar la bandeja de una de las encargadas a fin de repartir el contenido entre las presentes. La sirvienta corrió rumbo a la cocina a buscar otra bandeja, mientras Calcetines Blancos se acercaba a un grupo de invitadas que conversaban. Venía en mi dirección. Algo en su apariencia me hizo pensar que quizá fuera estricta con su religión y podría ser muy bien educada en el Corán. Cuando se acercó lo suficiente, intenté iniciar una conversación con ella.

—Que la paz sea contigo —expresé con una sonrisa amigable.

—Y también contigo —respondió de manera mecánica.

Animada por la respuesta, proseguí:

—Hoy estás muy ocupada con tantos invitados, pero si llegaras a tener un momento, me gustaría hacerte una pregunta.

Calcetines Blancos no retribuyó mi entusiasmo.

—Tengo tiempo, ¿cuál es tu pregunta?

—Bueno, he estado leyendo un poco el Corán y me encontré con algo que me confunde. Cuando les pregunté a mis amigos musulmanes sobre eso, ninguno pudo explicármelo.

Su interés se despertó apenas.

—¿Estuviste leyendo el Corán?

—Bueno, solo un poco. No soy erudita en el tema, pero descubrí dos lugares en el Corán donde se les dice a los musulmanes que lean y crean en la Biblia porque la envió Dios en Verdad y no se pueden cambiar sus palabras. Sin embargo, todos mis amigos y vecinos dicen que no deben leer la Biblia porque está corrompida y plagada de errores. Así que, supongo que mi pregunta es: ¿De dónde sacaron los maestros islámicos esta doctrina, la cual parece ser justo lo opuesto de lo que dice el Corán?

¿Y por qué la aceptan tantos musulmanes sinceros? Es decir, bueno, ¿no es una cuestión seria?

Sin aparentes señales de emoción, Calcetines Blancos pidió permiso para retirarse. Al poco rato, regresó y me pidió que anotara los versículos a los que me refería, suras 4:136 y 6:114-115. Sostuvo el trozo de papel en alto como evidencia fundamental de un juicio y me informó que lo llevaría directamente a la sheikha para que me respondiera. Me dio la sensación de que le desagradaba a Calcetines Blancos o no le gustó mi pregunta. Quizá esperaba provocar a su señora y a toda la familia de su señora en mi contra. Cuando al fin llegó mi turno de saludar a la sheikha, me preguntaba qué iría a pasar después. De más está decir que esta familia tenía el poder para hacer cualquier cosa que quisiera. A los gobernantes les reconocían por actuar según sus caprichos o sus impulsos, sin ataduras a ningún proceso legal. Por la gracia de Dios, su respuesta fue tanto indiferente como cargada de buen humor. Debiendo ocuparse de cosas más importantes, y al ver que se trataba de una pregunta de índole religiosa, se ofreció con generosidad a enviar un *mutawwa* a nuestra casa que se ocupara del tema en persona.

Por un lado, Mike y yo estábamos encantados por contar con semejante oportunidad. Por el otro, nos sentíamos nerviosos ante las consecuencias repentinas y graves en potencia. Siendo quienes eran los que lo enviaban, es probable que este *mutawwa* fuera alguien de alto nivel con influencias. Quizá fuera el consultor personal de la familia o pertenecíera al ministerio de asuntos islámicos. Sea quien fuere, lo que le informara más tarde a la sheikha podría tener grandes repercusiones... y no solo para nosotros. ¿Qué sería de los otros cristianos que viven aquí? La situación nos superaba en gran medida. Solo quedaba algo por hacer: nos contactamos con otros creyentes para pedirles que oraran.

El *mutawwa* nos llamó a la mañana siguiente para informarnos que planeaba venir a nuestra casa en el horario habitual de visitas vespertinas y, por estar demasiado ocupado, hizo que su intérprete anotara las indicaciones para llegar. Varios de los creyentes a los que notificamos habían dado a conocer nuestra petición de oración, así que se había corrido la voz. Muchos de los que recibieron el mensaje pertenecían a pequeños grupos que se reunían para apoyarse y alentarse entre sí en oración. Resultó ser que por «casualidad» coincidía con el día en que muchos de ellos se reunían a orar. Por consiguiente, había varios equipos de cristianos orando por la visita del *mutawwa* mientras esta acontecía. Resultaba evidente que era el tiempo de Dios. Luego, todos nos sorprenderíamos al saber la organización del cuerpo de Cristo que se produjo al interceder otros creyentes en nuestro favor.

Cuando al final la iglesia se reunió para la comunión, nuestros hermanos y hermanas estaban muy ansiosos por saber cómo nos había ido con la cita, como nosotros por contarles. Uno por uno, tanto personas solas como los grupos que estuvieron en diferentes lugares esa noche, expresaron cómo se sintieron guiados a orar de maneras muy específicas, a veces con las mismas palabras. Cuanto más los escuchábamos, con más claridad notábamos la unidad en sus inspiradas oraciones. Algunos contaron que el Espíritu Santo los había «interrumpido» literalmente en más de una ocasión durante el transcurso de su reunión de equipo y movidos a orar más. Unos pocos sintieron que sus oraciones recibían la respuesta en el mismo momento en que oraban. Al parecer, así fue. Lo que los intercesores pidieron fue lo que sucedió en realidad en nuestro hogar...

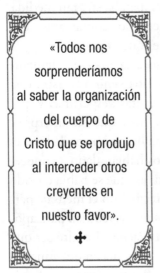

«Todos nos sorprenderíamos al saber la organización del cuerpo de Cristo que se produjo al interceder otros creyentes en nuestro favor».

✦

«Señor, te pedimos que toda la retórica islámica sea confundida. Haz que el *mutawwa* y su intérprete olviden los vanos argumentos y escuchen. Permite que escuchen la verdad».

¡Y lo hicieron! En varias oportunidades, tanto el *mutawwa* como su bien preparado intérprete intentaron llevar la conversación hacia una de sus ideas preconcebidas, pero perdieron por completo su línea de pensamiento. Al irse apagando sus palabras, veíamos en sus rostros el reflejo de la lucha mental que enfrentaban. No podían recordar lo que decían. La retórica islámica se confundió. Olvidaron sus vanos argumentos. Y escuchaban en su lugar. ¡Nos escuchaban en realidad!

Había paz en la habitación mientras nuestros principales invitados sopesaban cada punto, en silencio, durante varios minutos. Mientras tanto, el intérprete analizaba en detalle un pasaje que había leído y releído muchas veces.

«Ah, Dios, por favor, quita el velo de su entendimiento...»

Con lentitud, el intérprete se levantó los lentes para quitárselos. Se inclinó hacia delante con los ojos fijos en el texto, el que volvió a leer.

«... y dales revelación».

—¡Lo veo! —gritó de repente—. *¡Puedo verlo!*

Emocionado, recorrió con la mirada nuestros rostros. Había recibido revelación. De pronto, había comprendido lo que significaba nuestra pregunta, por qué debía responderse y lo significativa que podrían ser las ramificaciones. Era una cuestión crucial para la fe islámica. Aunque había leído el Corán muchas veces, jamás había captado el dilema que ahora veía con tanta claridad. Con el libro abierto ante sí, miró de manera sospechosa a su amigo. Frunciendo el ceño, le cuestionó:

—¿Por qué *dices* que la Biblia se ha cambiado?

El aire de acusación puso de repente a nuestro *mutawwa* en el centro de la escena. Sin lugar a dudas, ambos hombres habían experimentado un enorme desafío a su fe esa tarde, y no había necesidad de añadir un insulto para lastimarlos. Si estaban dispuestos, nuestro deseo era continuar y acrecentar nuestra relación. Por ese motivo, Mike y yo ansiábamos ayudar al *mutawwa* a salvar su reputación delante de su amigo. Con agrado, aceptamos lo que propuso.

Con aparente serenidad, pasó por alto la acusación como si no la hubiera escuchado. En cambio, fijó su mirada en Mike y en mí.

—Voy a hacer algo por ustedes —propuso con un tono benevolente—. Escriban la consulta que tienen en este papel. Lo llevaré a mi casa para estudiarlo y luego regresaré para que conversemos de nuevo.

Esta respuesta, moderada y amplia en apariencias, sirvió para que recuperara algo del respeto de su compañero.

—Excelente —dijo el intérprete con una sonrisa. Seguro de la integridad del *mutawwa* y de su objetividad erudita, añadió—: Quiero entenderlo por mi cuenta. Al fin y al cabo, todos deseamos conocer la Verdad.

Pocos días más tarde, recibimos una llamada telefónica de un funcionario del gobierno. «Tengo entendido que mi amigo el *mutawwa* los ha visitado en referencia a una pregunta sobre el Corán. Creo poder responderla mejor que él. ¿Es posible que nos reunamos esta semana para debatir este asunto?».

Si bien el *mutawwa* nunca regresó con una respuesta, al parecer trasladó el interrogante a otros musulmanes. ¿Cuán lejos habría viajado esa pregunta y a quiénes habría llegado? ¿En quiénes más terminaría influyendo? Es algo que solo sabe la Cabeza que mueve al Cuerpo.

CAPÍTULO IX

✢

GOTAS DE
MISERICORDIA

YO MISMO, HERMANOS, CUANDO
FUI A ANUNCIARLES EL TESTIMONIO
DE DIOS, NO LO HICE CON GRAN
ELOCUENCIA Y SABIDURÍA [...] ES
MÁS, ME PRESENTÉ ANTE USTEDES
CON TANTA DEBILIDAD QUE
TEMBLABA DE MIEDO. NO LES HABLÉ
NI LES PREDIQUÉ CON PALABRAS
SABIAS Y ELOCUENTES SINO CON
DEMOSTRACIÓN DEL PODER DEL
ESPÍRITU, PARA QUE LA FE DE USTEDES
NO DEPENDIERA DE LA SABIDURÍA
HUMANA SINO DEL PODER DE DIOS.

EL APÓSTOL PABLO, 1 CORINTIOS 2:1, 3-5

GOTAS DE
MISERICORDIA

✦

Q uizá te enteraras de que en el año 2004 la
película *La pasión de Cristo* resultó un éxito
de taquilla en muchos países árabes. Son países
musulmanes. Fue tal la demanda de billetes que en
algunas cadenas de cines se proyectaba la misma
película en varias salas de manera simultánea. En
un estado árabe la llegaron a proyectar cien veces
al día a sala llena. Los periódicos locales publicaron
notas sobre ella y hasta había anuncios en la primera
plana. Al principio, el interés pareció provenir de
los rumores de que era una película estadounidense
antisemita. Dado que en el Oriente Medio los Estados
Unidos e Israel se consideran países aliados, muchos
se mostraron interesados en verla. No obstante, una
vez en sus butacas, lo que vieron era algo distinto por
completo a lo esperado. Quién como Dios para usar
hasta el conflicto humano y los deseos perversos para
derramar de su gracia y buena voluntad para con los
hombres. Los informes llegaban de las naciones del
Levante y del Golfo de que a los árabes musulmanes

los conmovía el evangelio de nuestro Señor Jesucristo. Los cristianos que estaban entre la multitud vieron lágrimas en las mejillas de los musulmanes cuando el Salvador del mundo perdonó desde la cruz a los enemigos que se burlaban de Él. La emocionada audiencia se quedaba sentada en silencio mucho después que terminaba la película, para marcharse después con lentitud y en silencio.

> «Imagina cuán alentador debe ser para un musulmán curioso o un creyente secreto escuchar de fuentes islámicas que no están solos en su peregrinación espiritual y que forman parte de un movimiento».
>
> ✛

Otras buenas noticias surgen aquí y allá, en ocasiones en los lugares más inverosímiles. En diciembre de 2001, la influyente y popular agencia de noticias árabe Al-Jazeera realizó una entrevista en vivo con el jeque Ahmad Al Qataani, a fin de informar sobre el problema de grandes cantidades de musulmanes que se convierten al cristianismo en países africanos. Al Qataani, un líder árabe saudí sunní, ¡calculaba que unos seis millones de musulmanes se convertían a Cristo al año! Aunque nos es imposible corroborar esas cifras, el hecho de que los líderes islámicos reconozcan que los musulmanes están abandonando la fe es ya de por sí algo nuevo. En el pasado, la propaganda ha sido afirmar que ningún musulmán había abandonado jamás el islam porque sus seguidores están tan satisfechos que no necesitan nada más. Aun si las estadísticas de Al Qataani estuvieran infladas para despertar la alarma y hacer que los musulmanes corran a poner freno a esta corriente, esto ya de por sí estaría indicando que hay una corriente que detener. Como sea, no dejan de ser buenas noticias. Imagina cuán alentador debe ser para un musulmán curioso o un creyente secreto escuchar de fuentes islámicas que no están solos en su peregrinación espiritual y que forman parte de un movimiento.

Y ese movimiento está creciendo. Los creyentes de trasfondo musulmán (MBB, por sus siglas en inglés) se están involucrando en alcanzar a los suyos con el evangelio. Oran, testifican, cuentan testimonios, escriben artículos y notas, colaboran en la difusión a través de los medios, se les puede escuchar contando su testimonio en *YouTube* o se puede también conversar con ellos en las salas de charla.

Los MBB proveen el personal para la sala de charla y las líneas telefónicas para el muy exitoso programa de TV evangelístico vía satélite *Father Zakaria Boutros*. Se calcula que alrededor de cincuenta millones de musulmanes sintonizan cada día este programa árabe de noventa minutos, que se ha traducido a otros idiomas y difundido en todo el mundo. Son tantos los musulmanes que han llegado a los pies de Cristo a través de las fieles enseñanzas y predicación de este ministro egipcio que la prensa árabe lo ha declarado el «enemigo público número uno» del islam. Al Qaeda le ha puesto precio a su cabeza. Nuestra familia supo primero de su existencia por medio de amigos árabes que nos dijeron que los musulmanes lo odian, pero no pueden resistirse a sintonizar su programa para ver qué va a decir a continuación.

Sin embargo, estas no son más que gotas de misericordia que salpican la orilla. Se acerca un maremoto. Miles de reproducciones de la Biblia en árabe se bajan de la Internet cada mes. La Web está plagada de sitios tanto en árabe como en inglés diseñados para alcanzar a los musulmanes. Las preguntas y la respuesta de los musulmanes a los programas cristianos en árabe, tanto en radio como en televisión, se han convertido en algo que algunos ministerios apenas pueden controlar siquiera. Breves películas evangelísticas se están pasando entre los teléfonos móviles, los *iPods*, los *BlackBerrys* y el *Bluetooth*. Además de la tecnología, está también la antigua manera personal. Los árabes que frecuentan lugares de vacaciones populares en países no islámicos adquieren Biblias, literatura del evangelio y medios directamente de trabajadores cristianos allí. Justo donde residen, en suelo árabe, los buscadores de la Verdad y los MBB se reúnen con amigos cristianos para estudiar la Biblia y conversar sobre lo que creen. Nos hemos enterado que hay MBB que se reúnen en automóviles o mientras conducen por el desierto para tener comunión, cantar y alabar porque no cuentan con un sitio seguro donde encontrarse. Hace unos años, unos MBB de dos países árabes tuvieron su propia conferencia, oraron y debatieron cómo alcanzar a sus hermanos musulmanes para Cristo.

¡El cántico de gozo entre los misioneros en estos días es que han acudido a los pies de Cristo más musulmanes en las tres décadas pasadas que en los últimos catorce siglos! ¿Por qué la diferencia? ¿Por qué ahora? Por supuesto, no hace falta decir que el tiempo para esta cosecha está de acuerdo con el plan soberano de Dios. Y es claro que una parte de gran importancia de ese plan es la oración. En las últimas décadas se ha establecido un récord de oraciones, peticiones e incluso agónica intercesión por parte de los santos a favor del mundo musulmán. Un gran ejemplo de esto es la historia que escuché de Nik Ripken.

«¡Han acudido a los pies de Cristo más musulmanes en las tres décadas pasadas que en los últimos catorce siglos!».

Nik Ripken, veterano misionero y destacado investigador de la iglesia perseguida, estuvo en China hace unos años para realizar entrevistas en un encuentro de más de ciento cincuenta líderes locales de la iglesia. Estos hombres y mujeres representaban un movimiento de fundación de iglesias que ascendía a unos diez millones de creyentes chinos.

> «En las últimas décadas se ha establecido un récord de oraciones, peticiones e incluso agónica intercesión por parte de los santos a favor del mundo musulmán».
>
> ✚

Al final de un agotador día de formular preguntas, escuchar respuestas y hacer más preguntas, Nik estaba listo para dar por finalizada su tarea. Sus nuevos hermanos y hermanas, no obstante, tenían algunas preguntas que hacerle.

Debido al escaso conocimiento que tenían de lo que Dios estaba haciendo en otras partes del mundo, querían saber si había cristianos en otros lugares, además de China. (Qué momento tan revelador). ¡No hace falta decir que se estremecieron al escuchar la respuesta! Luego, quisieron saber si otros creyentes sufrían persecución, como ellos. Nik decidió contarles historias de convertidos musulmanes de dos países árabes diferentes que habían sufrido muchísimo por su testimonio del Señor Jesucristo. Era extraño, pero su auditorio chino no parecía responder en absoluto a lo que les contaba. Quizá, pensó Nik, están tan acostumbrados a sufrir que tales historias no los conmueven. Después de todo, es de esperar que aquí a un seguidor de Cristo lo expulsen de su familia y es probable que pase al menos tres años en la cárcel. A nadie se le permite siquiera servir en el liderazgo de la iglesia hasta que haya pasado un tiempo en prisión por su fe. Aun así, la respuesta (o la falta de ella) incomodó a Nick y se fue a la cama muy desanimado.

Alrededor de las seis de la mañana, Nik se despertó al escuchar gemidos, llantos y gritos. ¿Sería una redada? ¿Habría encontrado la policía china su lugar de reunión? Salió enseguida para encontrarse con lo que parecía una escena de histeria masiva. Al parecer, los más de ciento cincuenta participantes de la conferencia estaban en el suelo. Algunos estaban sentados; otros estaban arrodillados o postrados por completo. Daba la impresión de que algunos se flagelaban en una especie de profunda angustia. Incapaz de comprender el idioma, fue por un intérprete que le dijera lo que estaba sucediendo. Al pasar con rapidez por entre la multitud, le pareció escuchar tres palabras identificables que repetían una y otra vez. Las palabras eran *musulmanes* y los nombres de los dos países que él mencionó la noche anterior. Estaban orando. No, estaban derramando su alma ante

Dios en intercesión por los musulmanes de cuya existencia se habían enterado apenas hacía unas horas. Ese día, aquellos líderes hicieron el compromiso de difundir esta noticia en sus iglesias y de levantarse una hora más temprano cada día para interceder ante el trono de la gracia «hasta que Dios haga algo».

Si «la oración del justo es poderosa y eficaz» (Santiago 5:16), ¿qué sucede cuando muchos creyentes oran?

Un año después, Nik regresó a uno de los países que les mencionó a sus amigos chinos. Los cristianos de ese lugar tenían grandes novedades. Luego de siglos de una férrea resistencia al evangelio, algo se había quebrado en la realidad espiritual. En vez de resistencia, o tolerancia siquiera, los musulmanes estaban buscando en realidad la Verdad... ¡un cambio sorprendente de un año para el otro!

Claro que no solo oraron los chinos. Los creyentes de todo el globo están involucrados. La *Window International Network* (WIN), la red internacional de la ventana, declara haber apoyado a cuarenta millones de creyentes cristianos en ciento veinte países a «orar por la ventana 10/40», donde viven las personas menos alcanzadas. Otros ministerios, tales como la *Arabian Peninsula Partnership* (APP), enfocan su oración de manera más específica hacia la región del mundo donde nació el islam. *Oremos por la Península Arábiga* (PTAP, por sus siglas en inglés) se dedica por completo a brindar información y capacitación a los santos de todo el mundo a fin de que oren por siete naciones musulmanas que forman la península: Arabia Saudí, Kuwait, Qatar, Bahréin, Emiratos Árabes Unidos, Omán y Yemen. Con materiales de oración en veinticuatro idiomas, se calcula que superan el millón las personas que hallan el empuje para la intercesión a través de PTAP y su red mundial.

Hay que reconocer que este libro que tienes en tus manos solo revela una pizca de lo que está sucediendo. Dios usa a multitudes de cristianos, de todo tipo, de maneras incalculables a través de innumerables lugares con el propósito de hacer brillar la luz de su amor en la misma cara del islam. El cuerpo de Cristo es el que alcanza de toda manera posible a la comunidad (*ummah*) del islam. Aquí, «sobre el terreno», estamos viendo los resultados de esos esfuerzos acumulativos y queríamos que lo supieras.

Gracias por hacer tu parte en esparcir el conocimiento de la gloria de Dios por toda la tierra. Unimos nuestras voces a la tuya en alabanzas al Señor de la cosecha, dando «gracias al Señor por su misericordia y por sus maravillas para con los hijos de los hombres» (Salmo 107:31, LBLA).

¡A Dios sea la gloria!

✛

MÁS INFORMACIÓN...

❖

PÁGINAS WEB ÁRABES PARA MUSULMANES
INTERESADOS Y CREYENTES
DE PROCEDENCIA MUSULMANA

www.arabicbible.com
(Biblia árabe en diferentes formatos)

www.dreamsandvisions.com
(Historias personales de creyentes con trasfondo musulmán)

www.islameyat.com
(Enseñanza de audio y vídeo en árabe, programa de preguntas audaces, etc.)

www.arabicprograms.org
(Audio en árabe del sitio de la *Trans World Radio* [TWR])

www.inarabic.org
(Sitio de discipulado en árabe)

www.borjalmaarifa.org
(Discipulado de nuevos creyentes con trasfondo
musulmán a través del aprendizaje electrónico)

www.takwin-masihi.org
(Materiales de discipulado PALM)

PÁGINAS WEB EN INGLÉS
PARA CRISTIANOS,
CON ENLACES A OTROS IDIOMAS

www.pray-ap.info
(*Praying Through the Arabian Peninsula*
[Oremos por la Península Arábiga])

www.apinfo.eu
(PTAP de Europa)

www.30-days.net
(Sitio de oración)

www.morethandreams.org
(Historias personales de creyentes con trasfondo musulmán)

www.resource-international.info
(Sitio que pone recursos árabes en una lista para un mayor alcance)

www.answering-islam.org
(Un diálogo cristiano-musulmán)

www.engagingislam.org
(Información sobre seminarios de preparación para el discipulado)